SHODENSHA
SHINSHO

女たちの本能寺

楠戸義昭

JN110452

祥伝社新書

序章

光秀と信長と七人の女

妻たちの謎

明智光秀《あけちみつひで》が謀反《むほん》して主君織田信長《おだのぶなが》を誅《ちゅう》した「本能寺《ほんのうじ》の変」は、信長とその嫡子《ちゃくし》信忠《のぶただ》の命を奪い、光秀は一躍天下に躍り出た。だが、すぐに羽柴秀吉《はしばひでよし》に山崎《やまざき》合戦で敗れる。光秀は、小栗栖《おぐるす》（京都市伏見区）で土民の槍で突かれた深手から自刃《じじん》し、その天下はわずか一一日で潰《つい》えた。

討《う》たれた信長にも、討った光秀にも、もちろん妻がおり、家族がいた。本能寺の変は討たれた信長一族だけでなく、討った光秀一族をも不幸のどん底に陥《おとしい》れた。鳶《とんび》に油揚げをさらわれるごとく、栄光は秀吉に奪われたからである。

正室、側室、娘、姉妹……運命が激変した信長・光秀一族の女性たち。彼女たちから本能寺の変を見た時、そこに勝者はなく、ともに敗者となった。

その信長・光秀の妻たちには、本能寺の変に至るまでに、いずれも大きな謎がある。一般的には信長の正室も、光秀の正室も健在であり、本能寺の変によって、その生涯は大きく変化したと思われてきた。しかし、それは果たして真実だったのかどうか、大いに疑問なのである。

小説やドラマでは、信長の正室**濃姫**《のうひめ》は、本能寺で攻め寄せる明智勢に果敢に挑んで長刀《なぎなた》

本能寺の焼け跡から出土した信長の兜（清須市・總見院）

を振るう姿がよく描かれる。しかし遺髪塚《いはつづか》にまつわる伝説としてはあるものの、上質な史料（一次史料）に濃姫が信長を助けて本能寺で奮戦したという類《たぐい》の記録は存在しない。

濃姫は本能寺の変があった天正《てんしょう》十年（一五八二）には、すでに死んでいたと思われる。ただそれを証明する一次史料はなく、確定はできないが、早死にしたとする二次史料は散見される。信長が美濃《みの》を制圧し岐阜《ぎふ》城に入ったあたりから、濃姫の消息はぷっつりと途絶えるのである。

光秀の正室熙子《ひろこ》も大きな謎に包まれている。本能寺の変の六年前に死んでいたことを示す墓が近江坂本《おうみさかもと》の西教寺《さいきょうじ》にあり、光秀の死の直後に坂本城と運命をともにしたとする『明智軍《あけちぐん》記《き》』の記述と真っ向から対立する。その真相も不明である。
まさにその死の時期をめぐって、信長と光秀の正室は、謎に満ちている。

■光秀と信長を結びつけた女性

さらに新事実が明らかになってきた。信長は光秀を重く用いて、光秀は家臣として出世街道のトップを走った。その裏に女性の存在があったことだ。

信長の正室濃姫は斎藤道三《さいとうどうさん》の娘である。だが、母の**小見《おみ》の方《かた》**は明智一族の女性で、光秀と濃姫は従兄妹《いとこ》同士である。さらに光秀の妹で、信長が信頼して政治外交にあたらせた**御《お》妻木《つまき》**という女性がいたことが、一次史料から最近浮かび上がった。信長は彼女を側室としても寵愛《ちょうあい》したとされる。この信長のお気に入りだった御妻木が本能寺の変の一年前に他界したことで、信長と光秀の間に隔絶《かくぜつ》ができ、それが謀反につながったとの見方も出てきた。

織田家は美男美女の家系として有名だが、実は明智家も美男美女の家系で、信長と光秀のいずれもがほっそりとした体型の好男子だった。しかも織田家では**お市《いち》の方**を筆頭に、信長の娘たちも美人が多い一方、光秀の一族だけでなく、その妻熙子の家系も明智妻木氏

明智光秀肖像（本徳寺蔵）　　織田信長肖像（長興寺蔵）

といわれた明智一族であり、美人が多かった。

こうした美男美女の家柄を背景に、信長と光秀は女性を通して深く結ばれていた。このことは注目に値《あたい》する。

そして本能寺の変の後で、その信長・光秀の妻と娘たちの生殺与奪《せいさつよだつ》の権を握ったのは、目ざとく天下への階段を駆け上った秀吉であった。

信長の側室・娘・姉妹たちは秀吉に運命を攪乱《かくらん》され、悲惨な最期を遂《と》げた者も少なくなかった。また秀吉によって光秀の妻や子どもたちも、**細川ガラシャ**を除いてことごとく死んでしまう。

そこで本書において、信長と光秀の正室の

謎を詳しく分析するとともに、本能寺の変によって深い悲劇の渦に巻き込まれた織田・明智両家の女性たちを追跡したい。さらに光秀の股肱《ここう》の臣だった斎藤利三《としみつ》の娘に、**お福《ふく》**という女性がいる。彼女の祖母は光秀の妹とされるが、そのお福が**春日局《かすがのつぼね》**と称して江戸城大奥《おおおく》に君臨し、新たな運命を獲得したことにも触れて、本能寺の変の本質を女性の視点から迫ってみることにしたい。

本書関連地図
（府県境は現在のもの）
長崎称念寺
北ノ庄城（福井）
一乗谷朝倉氏遺跡
明智神社
（光秀居宅跡）
油坂峠
味土野
宮津城
小谷城
岐阜
明智城（可児）
黒井城
丹波亀山城
（亀岡）
関ヶ原
清須城
妻木城
明智城（恵那）
琵琶湖
比叡山
安土城
名古屋
八上城
坂本城
勝龍寺城
本能寺（京都）
安濃津城
石山本願寺
（大阪）
奈良

目次

第二章 熙子《ひろこ》――光秀の妻。夫の死を知って発揮した行動力とは

第一章

濃《のう》姫《ひめ》

――織田家の運命を引き寄せた信長の正室

■光秀を慕《した》った幼い日

信長の正室・濃姫《のうひめ》は、その人生のすべてが厚い謎のベールにつつまれている。

濃姫について直接触れた信頼できる史料の記述は、『信長公記《しんちょうこうき》』に「平手中務《ひらてなかつかさ》（信長の傅役《もりやく》）才覚にて、織田三郎信長を斎藤山城道三聟《さいとうやましろどうさんむこ》に取り結び、道三が息女尾州《そくじょびしゅう》へ呼び取り候《そうら》ひき」とある、ただこの一点のみである。

ただし史料的価値が落ち、研究者たちが参考史料（二次史料）とする『美濃国諸旧記《みののくにしょきゅうき》』（作者不詳・寛永《かんえい》末年か正保《しょうほう》年間＝一六四〇年代の作）には、信長に嫁ぐ前の濃姫のことが割合くわしく描かれている。

濃姫の実母についての部分では、このようにある。道三（出家しての号、名は利政《としまさ》のちに秀龍《ひでたつ》）には深芳野《みよしの》という妾《めかけ》がいたが、正室はいなかった。しかるに道三は、当国可児《かに》郡明智の城主・明智駿河守光継《するがのかみみつつぐ》の長女が容顔《ようがん》が美しく、しかも詩歌の道に賢《かしこ》く利発貞烈《りはっていれつ》な娘と聞き、主君の土岐頼芸《ときよりのり》に訴え、縁談の事を願った。頼芸はこれを許して、ただちに明智光継に命ぜられ、自《みずか》ら取り持って婚姻をさせた。光継も大守《たいしゅ》の命なので早速承知し、光継と道三は聟舅《むこしゅうと》の契約を交わして、享禄《きょうろく》五年（一五三二）二月朔日《ついたち》、稲葉山《いなばやま》に輿入《こしい》れした。その道三の妻になった光継の娘の名を小見《おみ》の方という。小見の方二一歳、道三は三

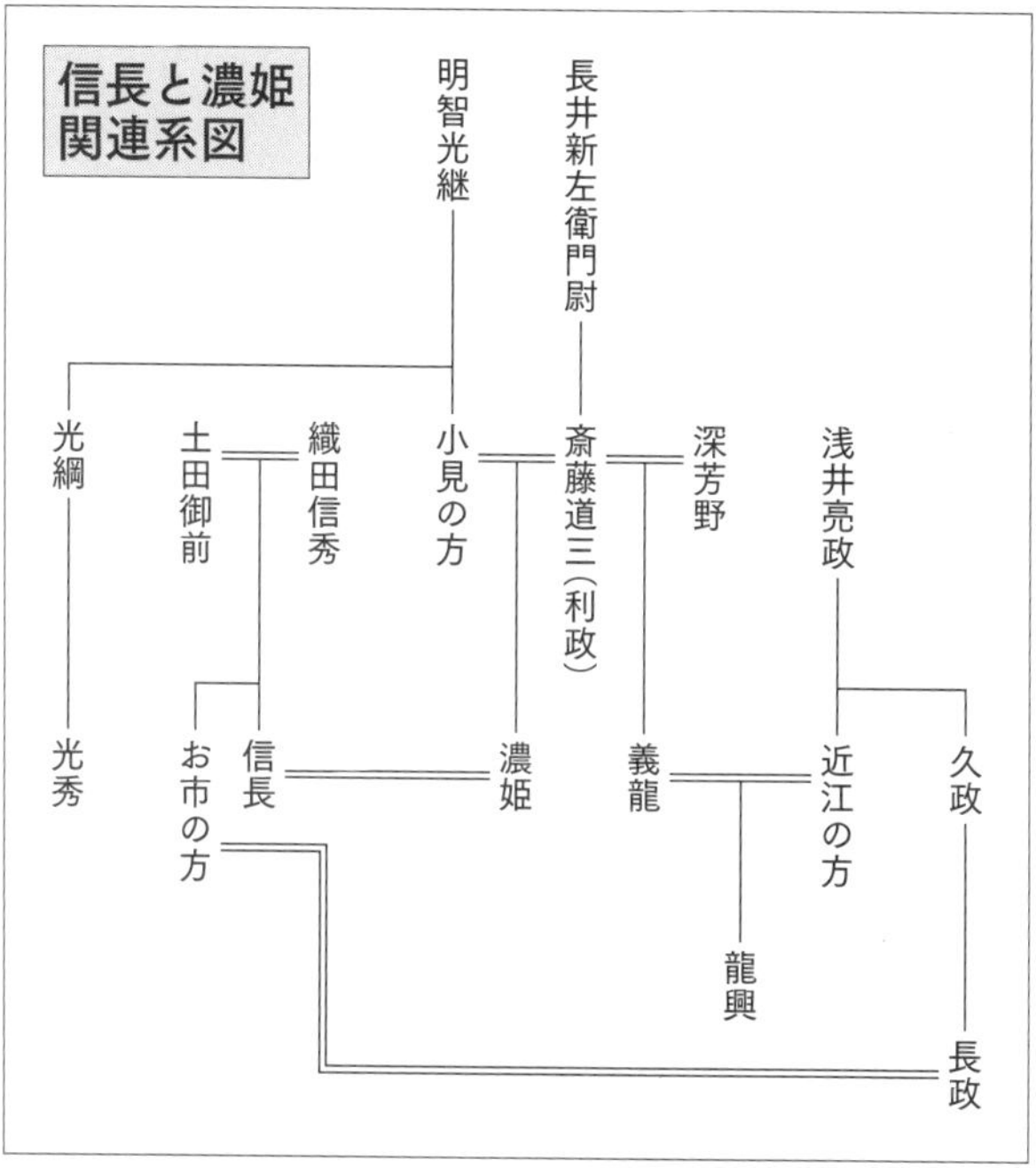

九歳だった。

さらに濃姫の誕生について、小見の方は天文四年（一五三五）に女子を産む。帰《き》蝶《ちょう》の方と名付けられ、また鷺山殿《さぎやまどの》とも呼ばれたとする。『武功夜話《ぶこうやわ》』も本文では「帰蝶」とする一方で、注には「胡蝶《こちょう》」とある。

この帰蝶を一般に濃姫と呼ぶのは『武将感状記《ぶしょうかんじょうき》』（正徳《せいとく》六＝一七一六年成立）が最初であるが、その八一年後に出た『絵本太閤記《えほんたいこうき》』も、信長が濃姫を利用した謀《はかりごと》で道三の家老を誅したという同じ逸話（後に詳述）を載せる中で「濃姫」としている。また両者とも「のうひめ」ではなく、「のひめ」と振り仮名を付けている。この濃姫の名は「美濃出身の姫」だったことから、尾張でそう呼称されたのであろう。

誕生した濃姫が少女に成長する過程で、兄のように慕《した》ったのが明智光秀であった。二人は従兄妹《いとこ》の関係にある。

小見の方もまた、甥《おい》の光秀を守り立てた（『美濃国諸旧記』）。父光継が死に、その嫡子《ちゃくし》光綱《みつつな》（光秀の父）も卒《しゅっ》したために、光綱の弟兵庫介光安入道宗寂《ひょうごのすけみつやすにゅうどうそうじゃく》が家督《かとく》を継ぎ、道三は明智一族を縁家《えんか》随一の後見と仰《あお》ぎ、さまざまな厚意を示して、東美濃と尾張との国境の政務を任せた。そして光秀は稲葉山城に来て道三の薫陶《くんとう》を受け、可愛がられる。

道三は世間では恩ある者を次々に殺し、蝮《まむし》とあだ名された。『信長公記』は道三を「木に棲《す》む鳥がその木からこうむる恩を知らず、枝葉を枯らしてしまう男」だといい、小さな罪を犯した仲間さえ牛裂《うしざ》きや釜を据《す》えて女房や親兄弟に火を焚《た》かせて煎殺《いころ》す恐ろしい男と批判しているが、小見の方とその背後にある明智一族にはまったくやさしい武将だった。

『美濃国諸旧記』は「天正の頃、明智光秀炮術《ほうじゅつ》に妙を得たりというて、其名《そのな》を知られしは、始め此《この》道三を師として、之《これ》を手練《てだれ》せし故《ゆえ》なり」という。

光秀は濃姫より七つ年上の少年で、道三は光秀に鉄砲だけでなく、刀槍《とうそう》も含め戦いのすべての知識・技術を教えた。

一方の濃姫は少女に成長すると、手習いをし、毬《まり》をつくなどして遊び、侍女《じじょ》を相手に双六《すごろく》・将棋もした。これに飽きると、光秀から剣や長刀《なぎなた》を教えてもらったであろう。戦国武将の娘は刀・弓・槍《やり》も幼い時から学び、馬を乗りこなすことが常識だった。光秀と濃姫が一緒に馬を走らせ、稲葉山周辺の原野に遊んだことが想像される。

濃姫には異母姉二人がいたが、その縁は薄く、従兄妹だった光秀の方が心安かった。濃姫は幼心に光秀に淡《あわ》い恋心を抱いていたかもしれない。そして光秀もまた濃姫を憎《にく》からず思っていたであろう。

■信長との政略結婚

この気の合う二人に別れの時が来る。濃姫の嫁入りである。

濃姫と信長の結婚について『美濃国諸旧記』はいう。天文十八年（一五四九）の春に至り、信長の父で、道三と熾烈《しれつ》な戦火を交えてきた信秀《のぶひで》が重い病気となったため、存命のうちに結婚させたいと、たびたび織田方から催促があった。そこで婚礼を急ぎ、明智入道宗寂（光安）を仲人《なこうど》として同年二月二十四日、濃姫は尾張古渡《ふるわたり》城に嫁ぎ、上總介《かずさのすけ》信長の北の方になった。道三の正室の子はこの息女《そくじょ》のみであり、信長一六歳、濃姫は一五歳だった。

この輿入れは政略結婚以外の何ものでもなかった。二年前に、信長の父信秀は道三の居城・稲葉山周辺の村々に押し寄せて焼き払い、町の入口まで攻め込んだが、道三が逆襲して信秀は敗北した。この後、信秀は尾張国内で反乱が続いて鎮圧《ちんあつ》に追われ、さらに今川《いまがわ》氏が支配する三河《みかわ》への進出を狙っていた。

信秀は二方面の大敵と同時に戦うことの不利を悟《さと》って、道三との和睦《わぼく》を考えたのである。また道三も、朝倉《あさくら》氏など周辺の動きも不穏であり、強敵の織田家と手を結ぶ価値は十分にあると計算、ここに両者の思惑が一致して信長・濃姫の結婚が成立したのだった。

もちろん信長も濃姫も初婚とされてきた。ところが、ここにも謎が浮かび上がる。濃姫は実は初婚ではなく、最初の夫を父道三に殺されてすぐ、信長のもとに嫁いだというのである。ただし『美濃国諸旧記』には、信長と濃姫の婚約成立は濃姫十歳の時としているので矛盾するが、近年、再婚説が大いに関心を持たれ出した。

この説を唱えた元岐阜県史料調査員・横山住雄《よこやますみお》氏は、著書『斎藤道三』（平成六年刊）

の中で次のように述べる。

「『寛永諸家系図伝《かんえいしょかけいずでん》』『寛政重修諸家譜《かんせいちょうしゅうしょかふ》』や美濃に伝来するどの斎藤系図にも登場してこない道三の息女がいる。それは土岐頼純《よりずみ》夫人である。頼純は天文十六年（一五四七）十一月十七日、道三に殺害されたので、結婚して一年ほどの夫人は道三のもとへ帰ったらしい。この女性は、その後どうなったかであるが、私はこの女性こそ濃姫であったと見る」

清須城跡の濃姫・信長像

ただしそれを示す史料はなく、何の根拠を示すこともできず、今のところは想定に過ぎないとも断わってもいる。

道三には正室と側室を合わせ、三人の息女がいたようだ。『美濃明細記《みのめいさいき》』にある「斎藤氏系図」では、長女は土岐七郎頼満《よりみつ》の室、次女は土岐八郎頼香《よりたか》の室になって、三女は信長の室である。また同著の「土岐氏系図」では、頼満は道三の女を娶《めと》ったが天文十年（一五四二）に道三に毒殺されたとある。この頼満は土岐政房《まさふさ》の子で、頼芸の弟に当たる。

ここに一つの疑問が生まれる。濃姫がなぜ「鷺山殿」と呼ばれるのかである。従来は、彼女が鷺山城で生まれ育ち、この城から信長のもとに嫁いだといわれることが多かった。だが稲葉山城から長良川を越えて西北西三キロほどの距離にある鷺山城は、もともと土岐氏の城で、道三が実権を握ると、お飾り的な守護である頼芸を鷺山城に据え、道三自身は稲葉山城にあって美濃全体に睨《にら》みを利《き》かしていた。現在、信長が岐阜城と改名して稲葉山（金華山《きんかざん》）の麓《ふもと》に築いた居館跡の下に、道三の居館遺構も眠っていることが分かっている。つまり濃姫はこの稲葉山の居館で誕生し、ここから信長のもとに嫁いだことはほぼ間違いない。

『美濃国諸旧記』には、天文十八年（一五四六）二月二十四日に濃姫が尾張古渡城の信長のもとに輿入れし、道三は翌年三月、嫡子・左京大夫《さきょうのだいぶ》義龍《よしたつ》に稲葉山を譲り、鷺山城に隠居したとある。道三は濃姫が嫁いだ後に鷺山城を隠居所にしたのである。

ではなぜ濃姫を鷺山殿と呼ぶのか。それは、確証はないが土岐氏に嫁ぎ、鷺山殿と呼ばれていたことを物語っているとも考えられる。

濃姫が嫁いだ可能性が指摘される土岐頼純《よりずみ》は頼芸の甥である。頼芸は兄で嫡子の頼武《よりたけ》と抗争を繰り返し、頼武の死後はその息子頼純と敵対した。

　この土岐家の内紛が道三を下《げ》剋上《こくじょう》の覇者にするのだが、その前段階に注目しなければならない。道三や尾張の織田信秀、越前《えちぜん》の朝倉孝景《たかかげ》らを巻き込んだ戦いで、天文十五年（一五四六）秋に和議が成立する。頼芸は退き、頼純が美濃国守護となって大桑城《おおが》（岐阜県山県《やまがた》市）に迎えられ、道三はその妻に息女を差し出した。

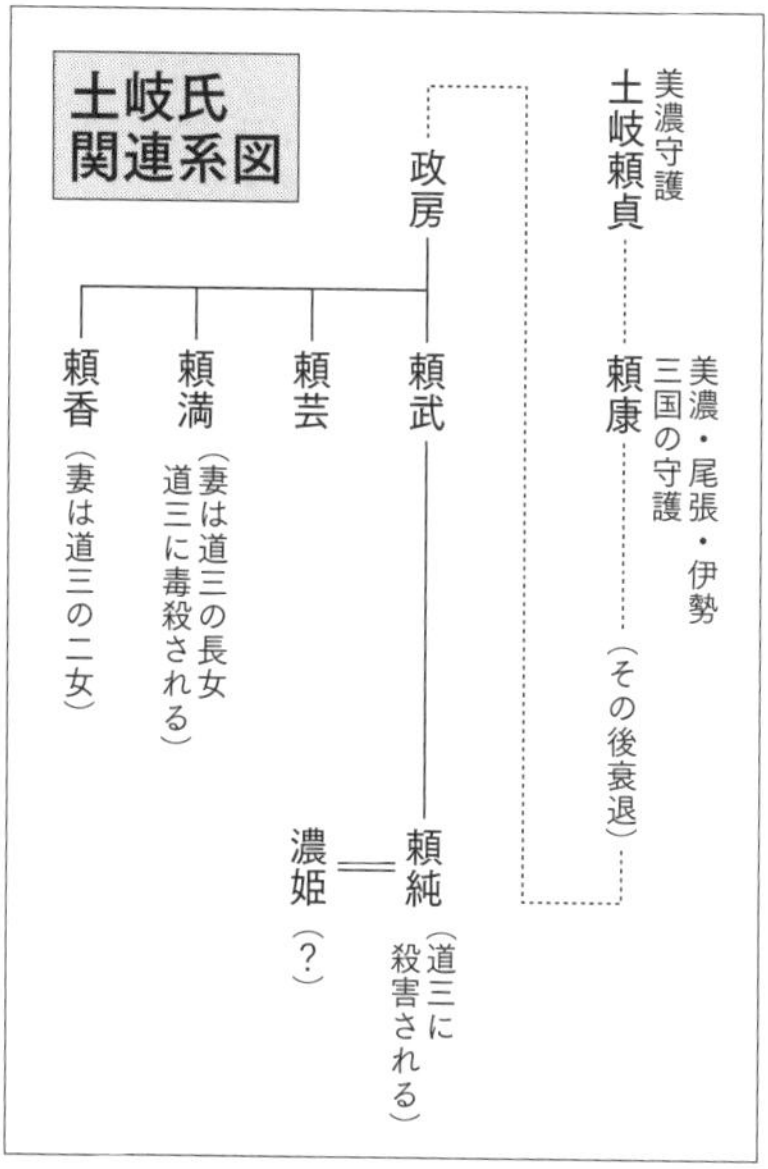

　この「息女」が誰なのか、まったく不明なのだ。濃姫であるとすれば数え一二歳で、当時の結婚年齢としては妥当である。だが翌年十一月十七日、頼純は二四歳の若さで急死する。死因は不明だが、道三が殺したとの噂が公然と立ち、またその通りだったとみられる。
　江戸時代に書かれた合戦記『江濃《こうのう》記《き》』に、頼純と同一人物とみられる次郎頼充《よりみつ》なる人物が、頼芸の子として登場してくる。頼充は道三の聟《むこ》であり、大桑城に居住し、天文十六年（一五四七）十一月十七日に享年二四で死んだとあり、どこからみても頼純その人である。

この頼充は道三に攻められて落ち行く途中、長良川《ながら》の神戸《ごうど》（河渡）の渡しで討たれて死んだ。道三はその首を実検した後、近くの寺に納めて供養したとある。聟だったので丁寧《ていねい》に葬《ほうむ》ったのであろう。

この頼純の妻が濃姫だったことを示す史料はまったくないが、濃姫は信長に嫁ぐ前に頼純の妻であったとNHK大河ドラマ『麒麟《きりん》がくる』で描かれた影響もあって、喧《かまびす》しくなっている。

カブキ者に驚く

織田家に嫁いで、濃姫が夫となる信長を見てびっくりしたのはその装いだった。赤銅《しやくどう》色《いろ》の顔や手足は、武術の鍛錬に励み、朝夕に馬の稽古《けいこ》をし、三月から九月までは川で水泳をして体を鍛えているからで、たくましく精悍《せいかん》な夫との印象を持った。だが身なりはといえば、湯帷《ゆかたびら》の袖《そで》を外し、半袴《はんばかま》で、火打ち石などを身につけ、髪を茶筅髷《ちやせんまげ》に結《ゆ》い、髻《もとどり》

（頭上に束《たば》ねた髪）を紅《べに》や萌黄《もえぎ》糸で巻き立て、紅ざやの太刀を差していた。それはまさに不良青年といえるカブキ者（軽薄な伊達男《だておとこ》）の出《い》で立《た》ちだった。

しかも濃姫は輿入れから一〇日も経《た》たない三月三日、舅となった信秀の死に直面し、その葬儀の場で、信長の妻として周囲の冷たい視線に直面する。濃姫がこの葬儀に列席したとの記録はないが、『信長公記』の記事から類推し、以下のような筋書きを描くことができる。

万松寺《ばんしょうじ》（名古屋市中区大須《おおす》）で営《いとな》まれた葬儀に信長は銭《ぜに》の施《ほどこ》しをして、尾張国内の僧衆だけでなく、関東に上り下りする会下僧《えげそう》（修行中の僧）をあまた集め、僧侶の数は三〇〇人ばかりに及んだ。

信長は林通勝《はやしみちかつ》・平手政秀《ひらてまさひで》・青山与三右衛門《あおやまよそうえもん》・内藤勝介《ないとうしょうすけ》ら家老衆を従えて参列したが、信長の身なりに参列者は唖然とした。長柄《ながえ》の太刀に、脇差《わきざし》を腰に巻いた藁縄《わらなわ》にはさみ、髪は例の茶筅髷で、袴もつけておらず、どこから見ても葬儀には不都合な姿だった。

読経《どきょう》が流れて、焼香の時が来る。信長は焼香に立つと、周囲をまったく気にせず、目前の位牌《いはい》をしばらく睨《にら》みつけた後、抹香《まっこう》をがばっと摑《つか》んで、あろうことか思いっきり仏前に投げつけた。そして無言のうちに踵《きびす》を返し、席には戻らず、びっくりして言葉も出ない参列者の視線を気にする風もなく、葬儀場から立ち去った。

「三郎信長殿は、うつけもうつけ、大うつけよ」と、出席者の間から公然と声が上がる。その中で、白い肩衣《かたぎぬ》・袴を召《め》した喪服姿に身を包み、母土田御前《どたごぜん》の隣りで端然《たんぜん》としている弟、信勝《のぶかつ》（信行《のぶゆき》）こそ跡継ぎに相応《ふさわ》しいと多くの人々に思わせた。

だが父道三の鋭い感性を受け継いでいた濃姫は、信長のぽっかり空いた席の隣りで妻としての非難の眼差《まなざ》しを浴びながら、信長を見直していたに違いない。

二人の縁《えにし》はまだ短い。だが濃姫は、父信秀の病気を信長が非常に気にしていたことを知っていた。信長からすれば、信秀は自分を跡継ぎに指名し、絶大な信頼を寄せてくれていたのだ。

抹香を仏前に投げつける夫信長の行為は、〈親父《おやじ》よ、なぜそんなに早く死んだのだ、俺の戦《いくさ》ぶりを見て欲しかった〉という切々《せつせつ》たる想《おも》いの表われであり、四二歳で逝った信秀への無限の叫びであると理解した。夫なりの父への愛情を濃姫は強く感じたのである。

こんな逸話が伝えられる。

とがった顎《あご》を突き出し、太い眉の下の落ち窪んだ目を細めて、父道三が濃姫の前に秘蔵の短刀を置いたのは濃姫が嫁ぐ日の朝だった。道三は「夫となる信長殿を、尾張の人間は大うつけ者といっておるそうじゃ。そなたが見て大うつけが事実なら、この短刀で刺し殺すがよい」といった。これに濃姫は「はい」とは答えず、「父上、この短刀は信長殿の妻として、あなた様を刺す刃《やいば》になるやもしれませぬ」と真顔でいい放ち、平然としていた。気丈な娘の思わぬ反撃に、「よくぞ申した。それでこそ道三の娘ぞ」と、道三は動揺を高笑いしてごまかすしかなかった。

■義父（道三）と聟（信長）の対面

濃姫に「自分を刺す刃になるかもしれない」といわれた道三だが、正室小見の方が産んだ、目の中に入れても痛くない娘である。かけがえのない、いとしい存在だった。葬儀での信長の態度は愚行として美濃にも伝わり、道三の面前で「聟殿《むこどの》は大たわけでございますな」と平気で批判する家臣まで現われた。

『信長公記』には四月下旬のこと、道三から信長に「富田《とんだ》の正徳寺《しょうとくじ》（愛知県一宮市）まで出向くので、織田上總介信長殿もそこまでお出かけいただければうれしい。ぜひ対面いたしたい」と申し入れてきたとある。

ここには濃姫は具体的に登場しない。だが『信長公記』の内容は、信長と道三の海千山千のかけひきと、二人の性格が浮かび上がって面白い。

信長はためらうことなく承知して、木曽《きそ》川・飛騨《ひだ》川の大河を舟で渡り、七〇〇軒の裕福な家が並び、美濃と尾張の境目にある本願寺の寺内町・富田に出向いた。

道三の魂胆《こんたん》は、不真面目と取り沙汰される信長を仰天《ぎょうてん》させて笑ってやろうというものだった。古老七、八〇〇人に折目正しく肩衣、袴で正装させ、正徳寺御堂《みどう》の縁側に並び座らせて、その前を信長が通るように準備をさせた。そして道三自身は町末の小家《こや》に潜《ひそ》んで、通過する信長の様子を密かに観察した。

すると信長は、茶筅髷の根元を萌黄色の紐で縛り、湯帷の袖を外し、のし付きの太刀と脇差しを藁縄にぶら下げ、麻縄を腕輪にし、虎革《とらがわ》・豹革《ひょうがわ》を四色に染めた半袴姿で現われたのである。

「やっぱり聟殿は噂通りの大うつけか」と道三は思った。だが次の瞬間、全身に悪寒《おかん》が走る。信長に従う七、八〇〇人の御伴衆《おともしゅう》にくぎ付けになった。健脚な足軽を先に走らせ、三間半（約六・四メートル）と恐ろしく長い紅《あか》い槍五〇〇本ばかりを持つ槍隊が続き、弓・鉄砲五〇〇挺《ちょう》を持つ一隊が殿《しんがり》をつとめていた。道三はその見事な陣容と武具揃えに、信長はただ者ではないと悟る。

寄宿の寺に着くと、信長は屛風《びょうぶ》を引き回し、髪を折り曲げ、生まれてはじめて髪を結わえた。また、いつ染めていたのだろうか、長袴を召し、これもこっそり作らせた小さい刀を差した。道三の家臣は、日頃のたわけ態《わざ》は見せかけだったたと驚く。

だが道三家臣がそう思ったのも束の間、信長は破天荒な態度に出る。

対面場の御堂に縁側から上がると、出迎えた重臣を無視して縁側の柱にもたれかかって動こうとしなかった。待てど現われない信長にしびれを切らした道三が、屛風を押しのけて信長の前に立っても無視した。あきれた重臣が「これぞ山城殿（道三）にござそうろう」というと、「ああー、そうか」とやっと立ち上がり、敷居の内に入って道三に挨拶した。

湯漬《ゆづ》けが出て、盃《さかずき》を交わし、何とか対面を果たした。だが道三は対面中も、ふてぶてしい娘聟に苦々《にがにが》しい風情《ふぜい》で、「またいずれお目にかかろう」と自ら座を立った。それでも道三は見送るが、途中、美濃衆の槍は短く、尾張衆の槍が長いのが不快だった。

稲葉山城に帰る道すがら、道三に家臣は「信長公はどう見てもたわけでございます」と語りかけた。すると道三は「まこと無念のことよのう。わが息子たちは、あのたわけの門前に馬を繋《つな》ぐことになろう」と答えた。「馬を繋ぐ」とは家臣になるという意味だ。この後、美濃では誰も信長を〝たわけ〟といわなくなった。道三は娘聟の無軌道な行動の中に、非凡な才能を見出していたのである。

『信長公記』が語る天下の両雄、義父道三と聟信長との駆け引きは超一級、さすがといえよう。

■「道三殿の首を取る」と聞かされた濃姫は

そして『武将感状記』『絵本太閤記』には、富田正徳寺の延長戦ともいうべき二人の〝戦い〟が描かれる。信長が濃姫を使って道三をやり込め、あわよくば美濃国を奪おうとする心理戦争である。

濃姫の名が初登場する文献である『武将感状記』に、結婚して一年ほどが過ぎた頃の信長・濃姫夫妻が描かれている。

濃姫が寝入るのを待って、ひそかに信長は蒲団《ふとん》を抜け出し、どこかへ行き、暁《あかつき》に帰ってくる。そんなことが、もう一カ月ばかり続いた。

こう度重《たびかさ》なれば、自然と濃姫も気づくようになる。だが信長は何も喋《しゃべ》らない。しびれを切らした濃姫は「私に内緒でこそっとお出かけになるのは、心かよわせるお方が、おいでになるからでしょう」と、内心穏やかでない表情で睨みつけた。信長は「いや、女ができたのではない。ただこの秘密はたとえ妻でもいえぬ」とはぐらかした。

そうなれば秘密を知りたくなって当然である。信長は相変わらず寝床を抜け出すが何もいわない。我慢できなくなった濃姫は厳しく信長を詰問《きつもん》した。やっと信長は口を開く。

「夫婦の情の大切なのはよく分かる。だが隠さねばならぬことをべらべら喋っていては、事は漏《も》れて謀策《ぼうさく》は失敗する。口をつぐめばそなたが不審がる。さて困った」

夫がそういうほどに、濃姫は一段と疑惑を深める。「あなたはそんなに私を信じてくださらないのですか。私は出て行きます。どうぞ好きなお方を城にお入れなさい」といい、悔し涙を流した。

信長はもうお手上げという表情になって、ついに濃姫に打ち明ける。

「実は道三殿と和睦して、そなたは俺の妻になったが、もともとは敵同士。和睦は見せかけに過ぎぬ。俺は道三殿の両家老と通じて、道三殿の首をいただくことにした。事が成功すれば、子丑《ねうし》の間（午後一一時から午前三時の間）に稲葉山に狼煙《のろし》が上がることになっている」

夫が父を殺す——予想だにしない密謀《みつぼう》に濃姫は啞然とした。その濃姫の動揺を無視するかのように、「ところがもう五〇日も経つのに、俺はただ星を眺め、霜《しも》を踏んで、寒さに震えながら立っているだけだった。だがもし今日にでも狼煙が上がれば、軍兵を率いて美濃に雪崩《なだ》れ込み、美濃の国を乗っ取ろうと思う」と信長は平然といってのけた。

二の句がつげない濃姫に、信長はさらに楔《くさび》を打ち込む。

「これは秘中の秘、誰にもいうな。美濃への手紙は許さぬ。人を遣《つか》わすことはもちろん相《あい》ならぬ」

濃姫は慌《あわ》てた。この重大事をどんなことがあっても父に伝えねばならない。あせる妻を尻目に、信長はわざと濃姫にわかるように道三の両家老に手紙を書き送った。それだけでなく、尾張の将兵に深夜、俄《にわ》かの出陣もあるので準備するよう命じた。しかも濃姫の周辺からの文《ふみ》や人の行き来を規制したのだ。

一方の稲葉山城では、濃姫だけでなく、送り込んだ侍女・家臣からの手紙が途絶え、道三は不審に思っていた。そこに尾張に放っていた忍びが信長の怪しい動きを伝える。「何かある」と、道三はいぶかった。

頃合いを見計らい、信長は濃姫周辺の監視を緩《ゆる》めた。さっそく濃姫は道三に詳しく書き送る。道三は娘の手紙と忍びの報告から、信長に内通したという二人の家老を断罪した。

これはもちろん信長が濃姫を巧《たく》みに利用した罠《わな》で、二家老は信長と内通などしていなかった。『武将感状記』は、道三が家老をこんな形で殺したことで、この後、道三の勢力が弱まったと書いている。

だが実際に道三が家老を殺した記録はなく、信長が道三を策略にかけて葬ろうとした史料もない。しかも当時の信長の居城は那古野《なごや》城（現名古屋城二ノ丸跡）で、稲葉山城とは三〇キロ離れており、稲葉山城に上がる狼煙が見えるわけがなく、後世の作り話といえよう。それでいて信長と濃姫の間で、いかにもありそうな逸話といえる。

戦国時代の「妻」の立場と役割

ここで注目すべきは、この逸話が戦国時代の政略結婚における女性の立場を実に見事に浮き彫りにしていることである。政略結婚は、いわば男と女の結合である前に、家と家との結びつきであった。だから夫と妻の力関係はそれぞれの家の実力で決まった。

そうした中で、妻の周辺は実家の者たちで固められた。濃姫が尾張の信長に嫁ぐということは、美濃から濃姫の乳母《うば》・侍女たち、それに乳母の夫や家臣たちが付き従うことでもある。妻の奥向きは実家の者たちの居場所でもあった。だから濃姫の周辺は「尾張」の中の「美濃」であり、今風にいえば大使館で、濃姫は外交官であり、濃姫を頂点に治外法権の小世界が成立していたのである。だから織田家の内情は濃姫周辺から、細かく道三に手紙で知らされ、また火急の折には、忍びが繋《つな》ぎをとることもあった。嫁いだ女の奥向きは婚家を探るスパイ活動の拠点ともいえた。つまり織田家の情報は、濃姫の周辺を通して道三に筒抜けであった。だから当時の武将は重大機密を妻とその周辺には絶対に漏らさなかったのだ。

信長の妹お市《いち》の方が、浅井長政《あさいながまさ》の妻となった後、朝倉義景《よしかげ》攻めで浅井氏が裏切ることをいち早く伝え、信長の窮地を救ったのは、この婚家でのスパイ行為といえる治外法権システムが見事に機能したからだが、このことは章を改めて記すことにする。

妻の悩み

ところで信長が濃姫を騙《だま》して道三の家老を殺した事実はなく、実際は濃姫を仲介して道三と信長は強い絆《きずな》で結ばれるようになる。

正徳寺での面会以後、道三が信長の関係者に送った手紙が二通残る。信長の素行の悪さを諫《いさ》めた傅役《もりやく》の平手政秀が天文二十二年（一五五三）閏《うるう》正月に切腹した後、親族の長老・

織田玄蕃允秀敏《げんばのじようひでとし》が後見役となったが、信長を疎《うと》んじて家中の結束が乱れ、これを秀敏は道三に相談した。この返事は丁寧な表現で、「家中の様子は外聞がよくないが、私への迷惑は気づかいせず相談してほしい。三郎（信長）様殿は若年ゆえ思わぬ苦労があって大変でしょう」と綴《つづ》って、信長を支える姿勢を示している。

そして天文二十三年（一五五四）一月、駿河の今川勢が尾張に侵入して村木《むらき》に砦（愛知県東浦町）を築き、緒川《おがわ》の水野信元《みずののぶもと》を攻める。信長がこの救援に向かうに際し、がら空きになる那古野城が、敵対する清須《きよす》城の織田一族などから攻められる危険があった。そこで信長は道三に那古野城の番兵の派遣を要請した。たとえ義父であっても、実父信秀が存命したごく最近まで敵対関係にあって死闘を繰り返した相手の軍勢を、尾張の地深く那古野城まで引き入れることは、戦国時代にはまずありえないことだ。だが信長はそれを願い、道三もまたこれを快諾した。まさに濃姫あっての力強い援軍である。

『信長公記』によれば、道三は留守居役の大将に西美濃三人衆の一人である安藤伊賀守守就《あんどういがのかみもりなり》を指名して軍兵一〇〇〇人を送り、信長の那古野城を守った。信長は強風をついて船を出し、知多《ちた》半島の村井砦奪還に成功した。道三は那古野城を任せきった度量や戦いぶりを聞いて、「恐るべき男。隣りにはいやな奴がいるものだ」といったとされる。

道三と信長の舅と聟の関係が良好になる中で、濃姫は次第に悩みを深くするようになる。それは自分に子どもが授《さず》からないことだった。しかも信長はさまざまな女性に手を出すようになって、夫の行状にも苦しめられる。

信長は奇抜な装いをして粋《いき》がってはいたが、『信長公記』には、一六～一八歳になるまでは別に遊びをすることはなく、乗馬・水泳など体の鍛錬や武術に夢中になっていたとある。だが濃姫と結婚してから女に興味を持つようになり、周囲の女に手あたり次第に手を出し、相手を孕《はら》ますことが多くなった。

信長の子どもを最初に産んだのはお駒《こま》（武蔵国忍《おし》の岩井丹波の娘）という女性で、濃姫と結婚四年後の天文二十二年（一五五三）、信長二〇歳の時だった。彼女は信長の侍女として、中條《ちゆうじよう》の名で仕えていた。信長からお駒を妊娠させたと打ち明けられた傅役政秀は、お駒を宿下がりさせ、自分の娘分として信長と懇意の埴原加賀守常安《はいばらかがのかみつねやす》に嫁がせた。生まれた男子は常安の息子として育てられ、乙殿《おとどの》と呼ばれた。

翌年五月には信長直属の親衛隊である赤母衣衆《あかほろ》・塙直政《ばんなおまさ》の妹直子《なおこ》が、濃姫のいる那古野城内で於勝丸《おかつまる》を産む。濃姫には耐えられないことだったに違いない。この於勝丸が大人になって信正《のぶまさ》を名乗り、乙殿ではなく信正が最初の信長の子とされた。だが母が家臣の妹ということで嫡子にはなれず、『系図纂要《けいずさんよう》』は「庶長子」としており、私生児的に記されている。

何しろ信長は、気に入った女とみれば次々に言い寄って手を出した。その女たちに産ませた息子は乙殿を含めて一三人、息女は一〇人で、信長の子は実に二三人にも及ぶ。その子をなした女たちの多くは、側室とはみなされない武士の娘が多かったようだ。しかも信長は嫡子信忠の乳母で、滝川一益《たきがわかずます》一族の女といわれる女性に手を出して七女（後の秀吉の側室三《さん》の丸《まる》殿）を産ませたり、次男信雄《のぶかつ》を北畠《きたばたけ》氏に養子に出した際、信雄に従わせた土方《ひじかた》河内守雄久《かわちのかみかつひさ》の娘にまで言い寄って、九男の信貞《のぶさだ》を産ませている。子をなさずに別れて、記録にない女は数知れずいたであろう。

濃姫は毅然としているが、我《が》が強かったと思われ、そうした女たちの存在に苦しめられつつ、正室として表面は冷静を装っていたようである。

こうした中で、御台《みだい》と呼ばれ、正室と同じ扱いを受けた生駒《いこま》家の吉乃《きつの》の存在が濃姫を不安に追い込んでいったことは想像に難《かた》くない。

『武功夜話』は吉乃が妊娠した際、家老たちは濃姫に隠し、露見を恐れて実家の生駒屋敷（愛知県江南市）から、わざわざ丹羽《にわ》郡井上《いのうえ》庄（同県大口町）の井の上屋敷に移したと書く。

この隠れ屋敷で奇妙様《きみょう》（嫡子信忠）だけでなく、茶筅様（次男信雄）も生まれた。

生駒家は家伝の灰と油を生業《なりわい》とし、多くの金銀を蔵して近郷近在きっての富豪だった。しかも尾張はもとより美濃、三河、飛騨と商《あきな》いをして、馬十数頭を所有し、屈強な家《いえ》の子《こ》・牢人《ろうにん》衆を召し抱え常住させて馬借《ばしやく》（運送業）も営んでおり、それでいて武士だった。

その上、生駒家は信長の母土田御前と濃い血縁関係で結ばれていた。まず土田御前の実家である土田家では、御前の父政久《まさひさ》（信長の女系の祖父）が土田秀久《ひでひさ》の子でありながら、何らかの理由で生駒家で育てられた。政久の母が生駒家の女だったからであろう。やがて政久は土田家に戻り、織田一族の娘（信長の祖母）と結婚して、土田御前が生まれる。だが、その政久は土田家の家督を継いでも生駒姓を捨てなかった。土田御前の兄（もしくは弟）の親重《ちかしげ》の子孫は讃岐《さぬき》の丸亀《まるがめ》城主、また高松《たかまつ》城主となるが、彼らも生駒姓を通して土田姓を名乗ることはなかった。

信長にとって、こうした母の実家の実情から、生駒家はわが家にも等しい存在であり、大いにのびのびできた。

信長は二一歳の天文二十三年（一五五四）五月、守護代の織田彦五郎信友《ひこごろうのぶとも》を殺害して清須（清洲）城を奪った。那古野城から移ると生駒家通いが頻繁になる。清須城から生駒屋敷（別名・小折《こおり》城）までの道のりは一〇キロ。始終通うようになった理由は吉乃だった。

『武功夜話』の家として名高い吉田家に伝わる吉乃の画像

近習《きんじゅ》十数人をいつも従えて往き来した。結婚後間もなく夫に戦死され、未亡人になって出戻っていた。愁《うれ》いに沈む痩《や》せぎすの佳人《かじん》で、どこか守ってやりたい気持ちになる。たよりなげな風姿《ふうし》に信長は魅《ひ》かれた。「生駒文書」によればこの時、吉乃は一九歳で、信長より四歳年下であった。

■信長の涙

吉乃は嫡子信忠、次男信雄を年子で産むと、翌年にも長女五徳《ごとく》を生《な》す。三年連続の出産は蒲柳《ほりゅう》の体質だった吉乃にはこたえた。体がすっかり衰弱して床《とこ》に就《つ》くようになる。吉乃が五徳を産んだ永禄《えいろく》二年（一五五九）、信長は尾張を平定し、翌年桶狭間《おけはざま》に今川義元《よしもと》を倒して、その名を天下に知らしめると、同六年、小牧山城《こまきやま》（愛知県小牧市）をわずか三カ月余りで築き、七月に清須城から引っ越した。その城に御台御殿ができた。

時に吉乃はまだ床に伏せっており、体力は回復していなかった。小牧山城と生駒家は近く、わずか四キロの距離にあり、信長は「元気を出せ」と吉乃を見舞うと、生駒家が辞退するのも聞かず、吉乃を城に召し入れる準備を始めた。

実は御台御殿は濃姫のためではなく、吉乃のために造ったものだった。信長はわざわざ輿を向かわせて吉乃を御台御殿に迎え入れた。

『武功夜話』によれば翌日、信長は自ら足腰の弱った吉乃の手を引き、家臣団が待つ御書院に現われ、七歳の信忠、六歳の信雄、五歳の五徳も侍《はべ》らせて、吉乃を紹介した。吉乃はこの上ない至福を味わう。信長の笑顔と三人のわが子に元気をもらいながらも、しかし吉乃の症状はよくなることなく、永禄九年（一五六六）五月十三日、二九歳で逝《い》った。

信長は、吉乃の葬儀には当時の慣例に従い出席しなかったが、彼女の菩提寺《ぼだいじ》である久昌寺《きゆうしようじ》に伝わる『久昌寺縁由《えんゆ》』には、信長が「自分も一緒に死に、同じ墓に入りたいと思った」とある。

吉乃の遺骸《いがい》は生駒屋敷の西南西五〇〇メートルの新野《しんの》の地で荼毘《だび》に伏されたが、『久昌寺縁起』は「信長公、常に妻女を哀慕《あいぼ》し小牧城櫓《やぐら》に登り、遥かに西方を望み悲涙数行《ひるいすうこう》惜しんで已《や》まずと云《い》う」と記録する。信長は小牧山山頂の望楼から、四キロ先の新野に上がる、愛する人を焼く煙を見つめながら泣いていたというのだ。

信長の吉乃への愛の深さがよく分かる。いま信長が見つめ泣いていた新野の地に、彼岸桜《ひがんざくら》の古木に守られて、吉乃の観音板碑（高さ一・二五メートルの経塚）が建っている。

この間、正室濃姫の存在は見えない。濃姫はどうしてしまったのであろう。濃姫は番城《ばんじろ》（城主のいない守備用の支城）となった清須城に留まっていたのだろうか。

■「遺言状」はあったのか

ここで時計の針を、信長が二二歳、濃姫二一歳の弘治《こうじ》元年（一五五五）まで戻すことにする。

隠居した道三と家督を継いだ息子義龍《よしたつ》の仲が険悪になっていた。濃姫の母である小見の方は四年前の天文二十年（一五五一）三月十一日に三九歳で病没し、道三の妻は土岐頼芸から賜《たまわ》ったとされる深芳野であった。小見の方は濃姫一人だけしか子をなさなかったが、深芳野は義龍のほかに、はっきりしないが喜平次《きへいじ》、孫四郎《まごしろう》も産んだようだ。『美濃国諸旧記』によれば、義龍は頼芸の子で、深芳野が道三に下賜《かし》された後に生まれ、道三の子として育てられたといわれている。

道三は義龍に家督を譲り、隠居したものの、完全に実権を譲ったわけではなく、次第に本当のわが子の喜平次と孫四郎を溺愛するようになった。道三の子でないことを知る義龍は、自分を廃嫡《はいちゃく》にして溺愛する弟を後継者に変更するのではないか、と疑念を持ちはじめた。

そこで義龍は機先を制して、自分は重い病《やまい》に罹《かか》ったので見舞いに来るように弟二人に命じた。仮病とは知らず、二人は稲葉山山上の館に見舞いに向かい、斬り殺された。

その時、麓の館にいた道三は突然の知らせに呆然とするが、すぐ法螺貝《ほらがい》を鳴らして軍勢を集め、稲葉山城を攻めやすくするため、自分が造った城下町に放火して、長良川《ながらがわ》を打ち越えて鷺山城に退《しりぞ》いた。

義龍はただちに土岐頼芸の仇《かたき》を討とうと兵を募《つの》った。道三も国の諸将に動員をかけたが、恩ある者や主君を次々と殺して伸《の》し上がっただけに、軍勢は義龍に集中し、義龍方約一万八〇〇〇人に対し、道三方は約二七〇〇人ほどしか集まらなかったとされる。

道三はそこで信長に援軍を求めた。急ぎ信長は出陣し、木曽川《きそがわ》本流が流れる大浦《おおうら》（岐阜県羽島市《はしま》）で義龍軍と衝突したが、美濃兵は強く、信長方に多くの死傷者が出て、これ以上前進できなかった。しかも義龍はなかなかの出来物《できぶつ》で、反信長の織田一族と手を組み、伊勢守信安《いせのかみのぶやす》（岩倉《いわくら》織田氏）に清須城を攻めさせた。信安が清須周辺の村に火を放つと、信長は清須に引き返さざるを得なくなった。よって道三が長良川西方にある標高一八〇メートルの鶴山《つるやま》（鷺山城の北東約二キロ）に陣したが、信長はここに馳《は》せ参じることは不可能になった。

絶体絶命の危地が訪れる中、六三歳の道三は死を覚悟し、明日を決戦の日と定めた弘治二年（一五五六）四月十九日、京都の妙覚寺《みようかくじ》に入れた一一歳の末っ子・勘九郎《かんくろう》に、信長に美濃国を譲るという遺言状を認《したた》めた。

妙覚寺は道三ゆかりの寺。道三が坊主になった寺とされてきたが、道三の偉業は父子二人で完成したことが現在では定説になり、出家したのは道三ではなく父親の長井新左衛《ながいしんざえ》門尉《もんのじよう》とされるようになった。それでも、妙覚寺が道三にとり重要な寺であることに変わりはなかった。

この寺に「斎藤道三遺言状」が伝わる。よく似た遺言状は大阪城天守閣なども所蔵していて、書体や筆跡が江戸時代らしいという疑問をはじめ、信長の呼び名や美濃国の表記が中世の書式と違うなどの批判が出て、最近は一次史料としてためらう傾向がある。

しかし「写し」とも考えられなくはないが、本物の可能性は依然高い。また、たとえ後世の作であるとしても、信長への譲り状は確実に存在したと思われる。

なぜなら信長はこの後、出世街道を直走《ひたはし》るが、勘九郎が観照院日饒上人《かんしょういんにちじょうしょうにん》として十九世貫主《かんじゅ》となった妙覚寺を優遇しているからだ。また信長は二十数回上洛《じょうらく》したうちで、宿所として実に一八回も妙覚寺を使用している。この事実からしても、道三自筆の遺言状があったとみるべきであろう。

遺言状は、道三が死を見詰めて書いているだけに、極めて迫力のある内容である。

人を殺し合う戦いに身を置く者は、その罪の深さによって地獄に落ちるが、一族の者の一人が出家することで、その罪は許され、天に生まれ変わることができる——こうした当時の戦国武将の世界観に立ち、「お前が僧になることにより、この道三は『法華妙躰《ほっけみょうたい》』の中にあって、生老病死の苦を離れ、戦場という修羅場《しゅらば》に向かっても、仏の悟《さと》りを得られることをうれしく思う。あすの一戦で五体が不具になろうとも成仏《じょうぶつ》することを信じている」と書いて、近くにある死を受け入れる姿勢を鮮明にしている。

この遺言状の冒頭で、道三は「美濃国の地を、ついに織田上総介《かずさのすけ》に思いのままに任せることにした。だから信長に譲り状を送り遣《つか》わした」と認めて、勘九郎に事後承諾を求めた。

道三はここに娘濃姫の夫信長を、自分の後継者としてはっきりと宣言したのである。

洪水を避けるために移転した道三塚

■斎藤道三死す

翌二十日、道三は鶴山を下って稲葉山を目の前にする長良川の渡しに向かう。父道三と息子義龍の戦いだけに、敵味方ともによく知る者同士で、袂《たもと》を分かった一門親族、また父子、兄弟はかえって後日に恥辱を残すことを恐れて、一段と勇をふるって戦ったと『美濃国諸旧記』はいう。

夕暮れ近く、道三側は討ち負けて七百余人が死に、道三はわずかな側近と戦場を離脱する。『信長公記』によれば、今須《います》城主の長井《ながい》忠左衛門《ちゅうざえもん》（道勝《みちかつ》）が、かつて主君と仰いだ道三と渡り合い、道三が打ち下ろす太刀を押し上げて、生け捕りにしようと組み付いた。そこに荒武者の小牧（小真木《こまき》）源太《げんた》が走り寄り、道三の脛《すね》を薙《な》ぎ伏せて首を取った。忠左衛門は手柄を横取りされたのを怒って、後の証拠にするために道三の鼻をそいで退いたのだった。かくして濃姫の父、斎藤道三は死んだ。

鼻と首は義龍が実検し、首は長良川の辺《ほとり》に架けられた。

その首を、小牧源太は崇福寺《そうふくじ》の西南の土中（現在の岐阜メモリアルセンターの地）に葬って塚を築いた。源太は義龍の家臣として道三と敵対したが、かつては道三の信頼に足る家臣だった。その後ろめたさが、首塚を造らせたのであろう。だが首塚はたびたび長良川の洪水に見舞われたため、天保《てんぽう》八年（一八三七）に常在寺《じようざいじ》の住職が場所を移転させて、造り替えられた。それが今日ある道三塚である。

道三の死に濃姫は悲嘆《ひたん》する。母小見の方はすでに亡く、新たな美濃の支配者となった異母兄の義龍は憎しみの対象である。愛する故郷・稲葉山の地は遠い存在になった。だが濃姫はそれで志《こころざし》を折るような女ではない。稲葉山の麓にある常在寺に父道三の肖像画を納《おさ》める決心をする。常在寺は、道三が土地六五〇〇坪（二万一四五〇平方メートル）と寺領五〇〇貫文《かんもん》（約一〇〇〇石）を与えて保護し、菩提寺に定めた寺であった。

濃姫はおそらく清須城に絵師を招いて、わが心に宿る父の姿を描かせたのであろう。現在は国の重要文化財に指定される肖像画には梟雄《きょうゆう》、権謀家、巨魁《きょかい》といったイメージはない。画像の道三は突き出た額《ひたい》に、しゃくれて頑丈《がんじょう》な顎《あご》、光る眼、それでいて男前であり、やさしげでもあって、人間味にあふれる。

夫信長が美濃国の譲り状を手にした今、濃姫は「いつか美濃国の国守《こくしゅ》夫人として、父の画像に対面するのだ」との強い信念を抱く。そこで、あえて父を殺した義龍の目が最も届きやすい常在寺にこの肖像画を安置させたのだった。

『土岐累代記《るいだいき》』が「道三の像は信長の北の方が父のためにつくった」と記すほか、『美濃国諸旧記』に「道三の絵像は信長公の北の方の御寄進である」、『土岐斎藤軍記』には「道三の画像は平大納言《たいらのだいなごん》信長の室が寄附された」とそれぞれある。いずれも濃姫を指していることは言うまでもない。

ここに濃姫は、父道三の肖像画を常在寺に納めたとするこれらの記事を最後に、歴史から掻《か》き消えていく。濃姫と特定できる文献は、軍記物の『勢州軍記《せいしゅうぐんき》』（63ページ参照）ただ一つを除いて存在しなくなる。

■濃姫は「本能寺」で戦ったのか

天下の覇者信長の正室として、歴史を愛する人々から常に強い関心を持たれながら、濃姫の以後の人生は神隠しに遭ったように消息不明になってしまう。そして濃姫最大の謎は、本能寺の変の時に、果たして「生きていたのか」、「死んでいたのか」――それがまったく分からないことである。

信長を主人公に描く小説やテレビドラマでは、濃姫が生きていて、本能寺に同宿する筋書きのものが少なくない。その典型ともいえる小説に司馬遼太郎著『国盗り物語』(新潮文庫)がある。

『国盗り物語』では、信長が自刃するわずか前、濃姫は庭先で死んだ。

「『敵は光秀』ときいたとき、濃姫の胸はどうであったであろう。彼女は即座に身支度をし、二重に鉢巻《はちまき》を結び、辻《つじ》ノ花という大模様を染めた小袖《こそで》に花田色《はなだいろ》の襷《たすき》をかけ、白柄《しろえ》の薙刀《なぎなた》をとって殿舎の広庭へ出、そこで戦ううちに明智方の山本三右衛門という者の槍にかかって崩れ、そのまま果てた」と描かれる。

物語の世界では濃姫は生き生きとしていて、信長の正室という立場を立派に貫き、天下人の妻として、本能寺の変で敢然《かんぜん》と戦うストーリーがもてはやされている。そのためであろう、濃姫は本能寺で信長と一緒に死んだと思っている人が意外に多い。

しかし濃姫は、道三の肖像画を常在寺に納めたという、美濃関係の複数の文献を最後に姿を消す。その後に出てくるのは、濃姫かもしれないが、そうでない確率の方が高い「御台」「北の方」といった表記のみで語られる信長の妻である。

つまり濃姫と特定できるのは、濃姫が描かせた道三の肖像画がいつ常在寺に奉納されたかは不明だが、おそらく父道三が死んだ弘治二年（一五五六）四月の翌年の一周忌ぐらいと思われる。この年、濃姫は二三歳で、これ以後、後に触れる『勢州軍記』を除き、彼女とはっきり特定できる文献はなくなる。

そしてこの時から、離婚説、病気説、また死亡説が浮上してくる。この中に濃姫は信長と不和になり、離縁されて母方の実家である明智城（岐阜県可児市）に戻ったという説があるが、離婚説はあり得ないであろう。

なぜなら信長にとって道三の譲り状は、濃姫と一緒にいてこそ意味があり、離婚すればそれは反古《ほご》されたことになるからだ。またすでに述べたように、道三の子日饒（勘九郎）への信長の配慮、さらに道三を殺した斎藤義龍としばしば戦っている点からも、離婚は考えられない。

一方の病気説は、濃姫が一時期、床に就いたことはあるかもしれないが、何十年も伏せっていたことは考えにくい。病気から出家して尼《あま》になったこともあり得ないわけではないが、それならば寺の存在が、その墓の在処《ありか》とともに記録に残っていてよさそうである。

そのような状況下、注目すべきは寛永《かんえい》十五年（一六三八）に成立した作者不詳（一説に筆者は奥田利矩《おくだとしのり》）の『濃陽諸士伝記《のうようしょしでんき》』（別名『美濃諸士伝記』）である。

同著は永禄四年（一五六一）五月、道三を葬った義龍が三五歳という若さで病死し、その子龍興《たつおき》が跡を継いだばかりの頃の出来事として、次のような記事を載せる。

「其《その》頃義龍の息女馬場殿《ばばどの》とて、小牧源太（道三塚を築いた人物）が預り、山下の馬場殿におはしける。容儀《ようぎ》世に勝れける故《ゆえ》、信長、妾《めかけ》にせばやとて、龍興へ談ぜられける。龍興申さるるは、信長は、故道三の聟なれば、信長妻の為には姪《めい》なれば、其妻死後に遣《つかわ》し難《がた》し。況《いわん》や妾などとは、緩怠《かんたい》（無礼の意味）過ぎたる申分、当家は斎藤の家督とは雖《いえど》も、種姓土岐の嫡流にて、天下の当家たり。彼は今勢《いきおい》に乗じて、其昔を忘れ、斯様《かよう》の雑言《ぞうごん》申す條、返〳〵《かえすがえす》も奇怪なり」

信長が容姿にすぐれた馬場殿を妾に欲しいといってきたのを断わる理由に、さりげなく「その妻死後に……」と濃姫の死を明言して、この道理に合わない話を拒絶したのである。

これに信長は「憎き物の申し分なり。いざ押し寄せて攻め滅ぼさん」と怒りを露《あら》わにし、龍興に敵意を募らせ、美濃攻略に今まで以上に力を入れたと同著はいうのである。

ここから、義龍が死んだ永禄四年には濃姫はすでに死んでいたことが分かる。この記述が事実なら、同六年に信長が小牧山城に吉乃のために御台御殿をつくり、御台として家臣に紹介したことはうなずける。

だが、この『濃陽諸士伝記』が語る濃姫死亡説は、文献価値の低さもあって、濃姫長寿説支持者はもちろん、短命説の支持者の間でも、この時点での死を疑問視する向きがある。

■「信長本妻」と「壺事件」

そんな中で、信長は道三から美濃の譲り状を受け取ってから一一年が過ぎた永禄十年（一五六七）八月、斎藤龍興が支配する稲葉山城を落とし、やっと美濃の国を平定した。舅道三がくれた譲り状によって、信長は侵略者ではなく、正当な美濃の国の後継者として稲葉山城を引き継ぐことになる。もし濃姫が生きていたのであれば、濃姫は生まれ育った城に夫とともに凱旋《がいせん》したことになり、常在寺で道三画像と対面し、現実となった故郷への帰還を感謝したであろう。

信長はこの地を岐阜と改名し、道三の居城を受け継ぎ、岐阜城として発展させる。標高三二九メートルの稲葉山は、旧来も称されていた金華山《きんかざん》の名で呼ばれるようになる。山頂には天守、山麓の千畳敷《せんじようじき》と呼ばれる傾斜地には豪壮な御殿を築き、楽市《らくいち》・楽座《らくざ》で城下町は繁栄し、天下統一の拠点となる。

岐阜を訪れたイエズス会宣教師フロイスは、その著『日本史』で、千畳敷の御殿について「驚くべき大きさに裁断された石の壁に囲まれて劇場ふうの建物がある」と称《たた》え、一階は約二〇の部屋があり、いくつかの内部は純金で縁取られ、二階は婦人部屋、三階に茶室があり、三、四階からは全市が展望できると記し、精巧美麗なその御殿を宮殿と呼んでいる。

その岐阜城の女主人《おんなあるじ》が濃姫だったかどうか、論議を呼ぶ一次史料に『言継卿記《ときつぐきようき》』の永禄十二年（一五六九）七月二十七日の条がある。公卿《くぎよう》の山科《やましな》言継が岐阜に下向した際に見聞きした事件が記されている。それは信長が美濃の国主となって約一一カ月後のことで、記事は以下の通りである。

「夕暮れ時、佐藤《さとう》錫携《しやくけい》が来て盃《さかずき》を交《か》わした。その時に聞いた話だが、故一色《いつしき》（斎藤）

義龍の後家《ごけ》が所持する壺を信長が出すように、しつこくいってきた。そこで後家は戦いによって失われたと伝えたが、なお責められて、こうなれば自害する外はないと答えた。この後家に同調して、信長本妻・兄弟・女子一六人が自害するといい、国衆《くにしゅう》（在地の武士）・大なる衆一七人、女子の三十余人も切腹すると主張した。そこで信長は折れ、壺は失われたことにして、きょう無事に事件は解決した。佐藤も一七人の国衆の一人だった」

道三が討ち取られた付近から望む、長良川と稲葉山城（岐阜城）

この「壺事件」の記事で注目されるのは、「信長本妻も後家に同調して自害する」と主張したと書かれている部分である。この一次史料をもって、濃姫は生きている証拠だと長寿説を唱える人たちは主張する。

だが三日後の『言継卿記』八月一日の条に注目すべき記述がある。

言継が「一日早朝、弾正忠《だんじょうのじょう》（信長のこと）へ礼に罷《まか》り出たところ、麓の居館の門前で出会いお礼を申した。姑《しゅうとめ》の所へ礼に行くというので、姑屋敷の門前まで同道した」と書かれているのだ。

『言継卿記』がいう「信長本妻」がもし濃姫ならば、この姑は小見の方である。しかし小見の方は道三よりも早く他界している。そうなれば、この信長本妻は濃姫ではあり得なくなる。

それに濃姫の心情からしても、自害をほのめかして夫信長に迫ることは考えられない。なぜならば父道三は義龍に殺されたのだ。しかも道三に味方した小見の方の実家である明智城（岐阜県可児市）も義龍に攻められ、明智一族もまた義龍に滅ぼされた（第二章で詳述）。濃姫には恨《うら》み重なる義龍・龍興父子一族である。父も母方の実家も滅ぼし、しかも斎藤家といっても、道三の血さえ引かないとされる者たちに、人間はこうまでも寛容になれるだろうか。それはあり得ない。ではこの「信長本妻」は誰なのか。

浮上するのは『濃陽諸士伝記』が記す、信長が執心した義龍の息女、つまり龍興の妹の馬場殿である。馬場殿を妾にすることを龍興に拒否されて信長は激怒した。信長は執念深い。馬場殿の側室ばなしは立ち消えになったが、信長は一度いい出したことをうやむやにする男ではない。龍興を国外に追い出し、美濃を手にした勝利の証《あかし》として、馬場殿をわが物にした可能性は極めて高い。

『言継卿記』の壺事件によって、義龍・龍興の血縁者が信長の本妻になっていたことが分かる。信長は龍興を追放したが、斎藤一族を取り込んだ。それは美濃の土豪や国人たちの支持を取り付け、美濃を平和裏に掌握するためであった。だから壺の一件でも、国衆までもが騒ぎ出したため、信長は妥協したのである。斎藤家の馬場殿が信長の妻におさまり、岐阜城の女主人になったとみるのが極めて妥当といえる。ただこれも筆者の推測であることを断わっておく。

なお、ここでの「信長本妻」が馬場殿だとするならば、姑は近江の方である。近江の方は小谷城《おだに》（滋賀県長浜市《ながはま》）の浅井亮政《すけまさ》の娘であり、久政《ひさまさ》の妹になる。久政はその妹を自分の養女として斎藤義龍に嫁がせた。馬場殿を産んだのがこの近江の方かどうかはわからないが、近江の方が義龍の正室である以上、たとえ馬場殿が妾腹《しょうふく》の子であっても、当時の慣例から姑は近江の方になる。

天正《てんしょう》元年死亡説

さらにこの年の八月に、商人の今井宗久《いまいそうきゅう》が幕臣三淵藤英《みつぶちふじひで》に宛てた書状に「信長御台《みだい》」の表現が出てくる。これは十河民部大夫《そごうみんぶだゆう》の知行《ちぎょう》していた塩魚の過料銭《かりょうせん》が、足利義昭《あしかがよしあき》と信長御台に移り、その代官を宗久がつとめていたことから、この裁定について述べたものだが、ここでいう信長本妻も濃姫ではなく、馬場殿と思われる。

これとは別に、濃姫は永禄・元亀《げんき》の時代を生き抜き、信長が足利幕府を滅ぼした節目の「天正《てんしょう》」と改元された元年（一五七三）に死んだとする史料がある。

それは『快川和尚法語《かいせんおしょうほうご》』で、元禄《げんろく》期の写しが石川武美《いしかわたけよし》記念図書館（東京都千代田区）に伝わる。この法語の内容を記した『崇福寺史』（著者・横山住雄）によれば、「雪渓宗梅大禅定尼《せっけいそうばいだいぜんじょうに》は天正元年十二月二十五日に亡くなり、その一周忌を、一カ月早めて天正二年十一月二十五日に甲州恵林寺《えりんじ》で快川紹喜《しょうき》が施主《せしゅ》かつ導師《どうし》となって執行した。この女性は、岐陽《ぎよう》太守の最愛の女性であった」と記されているのである。

快川国師（快川紹喜）は永禄七年（一五六四）に甲斐の武田信玄《たけだしんげん》に招かれて塩山《えんざん》の恵林寺（山梨県甲州市）に入り、天正十年（一五八二）四月の武田家滅亡時、恵林寺も織田軍に攻められて焚殺《ふんさつ》された。その時に「安禅《あんぜん》必ずしも山水《さんすい》をもちいず、心頭滅却《しんとうめっきゃく》すれば火も自《おの》ずと涼し」の言葉を残して焼死したことはあまりに有名である。

この快川国師は斎藤家と縁が深く、美濃在住時代に道三と交流があって、濃姫をよく知っていたとみられる。その濃姫が天下人となった信長の正室であり、その死から一年になる天正二年十二月二十五日を一カ月前倒しして、十一月二十五日に一周忌を執《と》り行なったというのだ。

ただ「雪渓宗梅大禅定尼」が絶対に濃姫であり、「岐陽太守」が信長であるとの確かな証明はない。しかし、岐陽太守が信長であることはほぼ間違いなく、それならばここでいう信長の最愛の女性は濃姫ということになる。

このように濃姫の〝早死に〟にかかわる史料はいくつかあり、天正元年死亡説を支持する人も少なくないが、いずれも決定打に欠ける。

■埋葬された遺髪の謎

そうした中ですでに述べたように、小説の世界で濃姫は本能寺で武器を取って奮戦し、信長とともに死んだとする筋立てのものがもてはやされている。これはあくまでも虚構の世界だが、実は本能寺で濃姫が死んだとする伝承にもとづく「濃姫遺髪塚」が岐阜市に存在する。

岐阜城山麓の信長居館跡から直線で西へ一・六キロほど行った西野《にしの》不動の前を通る市道の真ん中に、道を三角州に裁《た》ち割って椋《むく》の古木が生えており、その根元に遺髪塚が静かに佇《たたず》んでいる。

いい伝えによれば、濃姫は本能寺で亡くなり、家臣が遺髪を持ち帰って、城下を守る四天王の一つだった西野不動に埋葬したとされる。

この墓碑には「南無妙法蓮華経　寛文《かんぶん》五乙巳《いつし》暦八月二十五日　法性院妙法寵尼《ほうしょういんみょうほうちょうに》」と刻まれている。墓石が新しいのには理由があって、昭和二十年（一九四五）七月、B29による空襲で遺髪塚は失われたが、三〇年が経った昭和五十（一九七〇）年に古い碑文が見つかったことで、氏子《うじこ》有志によって再建されたのだという。碑文にある寛文五年（一六六五）八月二十五日が何を意味しているのかはっきりしないが、遺髪塚の建立年月日の可能性が高い。

おそらく江戸時代、濃姫は読本《よみほん》や芝居などでもてはやされ、本能寺で死んだと信じられて、この濃姫遺髪塚が生まれたのではないかと想像される。

なぜなら、本能寺で信長とともに戦った女の存在は史料にまったくないからだ。『信長公記』には、次のように記されている。

信長は、はじめ明智勢に弓で応戦していたが、弓の弦《つる》が切れたために、槍をとって戦った。だが肘《ひじ》に槍傷をこうむって引き退《の》いた。この時まで側《そば》に女たちも付き添っていたが、「女はくるしからず、急ぎ罷《まか》り出《い》でよ」と仰《おお》せられて、追い出した。

――この後、御殿に火をかけて信長は死んだのである。信長は最終局面で侍女たちを避難させており、信長の周囲に濃姫など戦う女の存在がなかったことを『信長公記』ははっきり伝えている。

また本能寺の変の際に、濃姫が安土《あづち》城にいたことを証明するものもない。もちろん文献に「信長御台」「北の方」という呼称は出てくる。明智光秀の軍勢が安土城に襲来する気配を感じた蒲生賢秀《がもうかたひで》・氏郷《うじさと》父子は、安土城に近い居城の日野《ひの》城（滋賀県日野町）から駆け付け、信長の女たちや子どもたちを日野城に避難させた。それを記す『氏郷記《うじさとき》』に「信長公御台・君達」、また大村由己《おおむらゆうこ》が著わした『惟任謀反記《これとうむほんき》』には「北の方」とあるが、それは濃姫ではなく、お鍋《なべ》の方（第四章で詳述）と見る方が妥当であるとの意見が強い。

濃姫の本能寺討死説を伝える遺髪塚

■墓は京都にあった⁉

こうして濃姫の〝早死に説〟が有力な中で、長寿説を唱える人々を元気づかせたのは、信長研究家の岡田正人《おかだまさひと》氏が『歴史読本』平成四年（一九九二）三月号に掲載した「濃姫は生きていた!!　大徳寺総見院《だいとくじそうけんいん》で墓を発見」の一文であった。

この文を要約して紹介しよう。

信長が死亡した三年後に、信長の後継者・次男信雄の『織田信雄分限帳《ぶげんちょう》』が成立し、ここに「六百貫文　安土殿」と記される女性の存在が明らかになった。「安土」という地名をもって呼ばれる女性は従来、正室が多く、それは信長の正室であって、帰蝶（濃姫）と断定できる。それを傍証するのは滋賀県近江八幡市の摠見寺《そうけんじ》が所蔵する『泰巌相公縁《たいがんしょうこうえん》会《え》名簿』（江戸中期のもの）で、信長の室の名前が出ている。

つまり「養華院殿要津妙玄大姉《ようかいんでんようしんみょうげんだいし》　慶長十七年壬子七月九日信長公御台」とあり、御台は正室を意味するから、養華院殿と諡《おくりな》された女性は信長の正室「帰蝶　安土殿」ということになり、彼女は天文四年（一五三五）の生まれと伝えられるから、享年は七八となる。

しかも羽柴秀吉が信長の葬儀を営んだ京都・大徳寺の塔頭《たっちゅう》・総見院には織田家墓所があり、信長をはじめ二五名が葬られている。寺には江戸時代中頃の作と思われる「総見院之図面」という織田家墓所の見取り図が存在する。そこに「養華」と記す墓が記載されている。五輪塔であるこの墓こそ、養華院殿と称された帰蝶の墓と確定される。「安土殿＝養華院殿＝帰蝶（濃姫）」はいずれも同一人物であり、濃姫は七八歳と長寿をまっとうしたと発表した。

この主張に多くの濃姫ファンが飛びつき、濃姫の長寿説が大きな力を持つようになった。

しかしこの見解に対して、安土殿と養華院殿を結び付けるのは強引すぎる、安土殿は濃姫ではなくお鍋の方ではないか、しかも養華院殿の没年、慶長十七年（一六一二）七月九日はお鍋が死んだ慶長十七年六月二十五日とふた七日（二週間）しか違わず、お鍋の方と混同されている——などの反論が出ており、この長寿説の説得力もいま一つといえる。

また和田《わだ》裕弘《やすひろ》著『織田信忠』によれば、信雄の子孫である織田家の過去帳にも「養華院」について同様の記述があり、「相国《しょうこく》（信長）公御台所」とする一方で、御台ではなく「寵妾《ちょうしょう》」とした『龍宝山大徳禅《りゅうほうざんだいとくぜん》寺《じ》志《し》』などの史料もあることを指摘している。

何しろ濃姫の没年はあいまいで、しかも道三の肖像画を常在寺に奉納して以降、濃姫の生活臭を感じさせる史料は皆無なのだ。

■「正室」とは何か

そこで視点を変えて、「正室は何か」という角度から濃姫を考察してみよう。

正室には本来、二つの重要な役割があった。一つは夫の後継者を立派に育てること。もう一つは夫に先立たれた際は、その菩提《ぼだい》を弔《とむら》うことである。

濃姫はそれを立派に成し遂げたのであろうか。

濃姫に子どもは生まれなかった。その場合、側室や兄弟姉妹の息子をわが子として養育するのが戦国時代の習わしだった。

たとえば、へそくりで夫山内一豊《やまうちかつとよ》のために名馬を買った、賢夫人で有名な千代《ちよ》の場合である。一人娘を産んだが天正大地震で倒壊した御殿の下敷きになって亡くし、それ以外に子どもはできなかった。そこで一豊の弟康豊《やすとよ》の嫡子忠義《ただよし》を養子に迎えて教育にいそしみ、土佐《とさ》高知二〇万石の立派な二代藩主に育て上げた。

また徳川家康の養女・満天姫《まてひめ》は弘前《ひろさき》藩二代藩主の津軽信牧《つがるのぶひら》と再婚するが、先に結婚した福島《ふくしま》家では一男をもうけながら、津軽家では子を産めなかった。そこで側室辰子《たつこ》が産んだ信義《のぶよし》を引き取ってわが子として養育した。驚くのは、側室の辰子は家康と関ヶ原で戦った石田三成《いしだみつなり》の娘だったことだ。だが三成の血を引くことを十分知りながら、満天姫はその子を愛して教育し、しかも姪《めい》の富宇姫《ふうひめ》（松平康久《まつだいらやすひさ》の娘）を信義の正室として呼び寄せ、信義を三代目藩主にした。このように正室には跡継ぎを立派に育てる役割があった。

　では濃姫はどうだったのか。信長の嫡子は吉乃が産んだ信忠である。吉乃の在世中に濃姫が死んだ可能性もあるが、生存していた場合、濃姫が手元においた可能性は十分考えられる。

　そして濃姫が信忠を養育したとの文献がある。寛永年間（一六二四〜四四年）に神戸良政《かんべよしまさ》が戦国伊勢の状況を書いた『勢州軍記』で、「信長公の御台、斎藤山城入道の息女の腹に若君《わかぎみ》無し。嫡子信忠卿《きよう》もまた妾人の腹なり。弘治三年の誕生にて、これは御台の御養子なり」と記されている。江戸初期の軍記物なので、史料価値は低いが、濃姫と信忠を語る唯一の文献といえる。

　同様の記述は山形天童《てんどう》藩の『織田家譜』にも「（信忠の）母は斎藤道三山城守の女《むすめ》、実は生駒半左衛門の妹なり」とあって、「道三の女」は濃姫、「生駒の妹」は吉乃を指す。これが事実ならば、濃姫は吉乃の死後も健在で、正室の役割を果たしたことになる。

　だがこの件に関する史料はこれしかなく、宣教師フロイスの『日本史』の記述と比較すると、事実だろうかとの疑問もわく。

フロイスは岐阜城を訪問した際、天守のあった金華山の山頂御殿にも案内された。入口の最初の三つの広間には、一〇〇人以上の各国の貴人たちの息子らが人質としており、彼らは一二歳から一七歳で、麓と往《ゆ》き来して信長の使命をはたしていた。その奥は何人《なんぴと》も入れない場所だが、フロイスらは特別に招き入れられた。そこには信長の夫人および姫君、息子たちがいた。息子は奇妙（信忠）と茶筅（信雄）で、兄は一三歳、弟は一一歳くらいだった。

信長は談話の半ばに年少の息子を呼び、晩餐《ばんさん》の支度《したく》をさせた。また絹の袷《あわせ》・白い帷子《かたびら》を持って来させ、フロイスらに贈り、これを着るように命じた。そこで袖を通すと「今や汝《なんじ》は長老のようだ」と満足し、息子たちに向かって「予《よ》がこうしたのは伴天連《ばてれん》たちの信望や名声を高めさせるためだ」と語ったと、フロイスは記している。

この記述から信忠は弟信雄のほか、他の側室が産んだ息子たち、また娘たちと一緒に山上の御殿で集団生活し、妻妾たちも一緒だったことが分かる。そして正室が接待すべきところを、信長は息子たちにやらせ、フロイスたちを特別扱いする理由を、息子たちに信長自らが教え込んでいるのである。

フロイスの記述と併《あわ》せてみて、『勢州軍記』が真実を語っているとすれば、正室としての濃姫の影は薄く、『日本史』からは信長が正室の役割も兼ねている雰囲気が伝わってくる。

そして信忠は、志半ばで本能寺の変に殉じたこともあるかもしれないが、濃姫を尊敬していたと読み取れる史料は見当たらない。信忠の面倒をみ、立派な跡継ぎにするため教育を施すという正室の使命を濃姫が果たしたのかどうか、実にあやふやといわねばならない。

本能寺の変をもたらしたのは濃姫

では、もう一つの正室の重要な役割、夫の菩提を弔うことはどうか。濃姫は信長の菩提を弔ったのだろうか。

『氏郷記』は安土城から日野城へ退去する信長の家族の中に「御台」を挙《あ》げている。岡田正人説によれば、この女性は安土殿であり、濃姫でなければならない。しかし実際に岐阜の崇福寺を信長の菩提寺にして墓を建てたのは、安土殿＝濃姫ではなく、お鍋の方であった。信長はお鍋に安土城の奥向きを任せ、御台としての地位を実質的に与えていた。だから安土殿がお鍋の方であるとの見方をする者も少なくなく、筆者自身もそう思っている。

濃姫が本能寺に死んだ夫信長の菩提を弔った形跡はない。菩提を弔わなかったのであれば、まさに正室失格である。

いや、もしも濃姫が生存していたならば、信長の菩提を弔い、後家として信長家臣団をまとめることができたのである。

鎌倉時代に北条政子《ほうじょうまさこ》が亡き夫　源　頼朝《みなもとのよりとも》の恩を持ち出し、御家人たちを統率、幕府討滅をねらう後鳥羽《ごとば》上皇との戦いに勝利して以降、武家社会において後家の力は大きかった。

戦国時代には、女大名といわれた今川義元《いまがわよしもと》の母寿桂尼《じゅけいに》。戦死した夫に代わり龍造寺《りゅうぞうじ》氏を差配し、再婚した夫の連れ子の鍋島直茂《なべしまなおしげ》を後継者に指名した慶誾尼《けいぎんに》。伯母《おば》ながら侵略者の伊達政宗《だてまさむね》が許せず、亡夫二階堂盛義《にかいどうもりよし》の須賀川《すかがわ》城を死守しようとした大乗院《だいじょういん》。彼女らは正室として後継者を育て、死んだ夫の菩提を弔い、夫の遺志を継ぎ、後家として家臣を統率して家を守ろうとした。

濃姫が正室として健在であったなら、尼後家《あまごけ》となって織田家臣団を指揮できたはずである。つまり、濃姫は間違いなく死んでいたのだ。羽柴秀吉が明智光秀を倒して、何の気兼ねもなくやすやすと信長の後継者になったが、もし濃姫が生きていたら、そう簡単に天下は取れなかった。その点で濃姫の死は織田家にとって不幸だったといえよう。

そしてまた濃姫は、本能寺の変という織田家最大の不運をもたらした張本人ともいえた。

『美濃国諸旧記』を信じるならば、明智光秀は斎藤道三の薫陶《くんとう》を受けた弟子ともいえる存在であり、少女の濃姫を知る従兄妹《いとこ》の関係にあって、親しく交わったことが想像される。濃姫は政略結婚で織田信長の正室となった。信長もまた道三の支援を受け、その手法や国盗りの術を学んだ。道三にとって信長もまた弟子である。その光秀と信長という二人の弟子を繋《つな》いだのは、史料には記されないが濃姫であった。

光秀が牢人時代、全国行脚《あんぎゃ》するなかで、清須城に立ち寄り、濃姫を通して信長に対面したかもしれない。または越前一乗谷にいた足利義昭との仲介の労を取ろうとする光秀に、濃姫が協力したことも考えられる。

信長が義昭を将軍に推戴《すいたい》して上洛してから、主君信長と家臣光秀の関係が緊密になって、全国制覇の戦いを続け、その仕上げが目前に迫った段階で本能寺の変は起きた。もし濃姫が信長の正室でなかったなら、光秀は信長の家臣にならず、信長にもまた別の歩みがあったであろう。

だが歴史に「もしも」はない。濃姫は道三の娘であるとともに、明智家の血を濃く引く信長の正室であった。信長と光秀のめぐりあわせは必然であり、濃姫の早死に説・長寿説にかかわらず、本能寺の変は彼女がその舞台を作り上げた。濃姫が〝運命の仕掛け人〟であったことに間違いはない。

第二章

煕子《ひろこ》

——光秀の妻。夫の死を知って発揮した行動力とは

■宴会の費用を捻出するために……

良妻賢母の代名詞ともされる明智光秀の正室熙子《ひろこ》。彼女もまた、織田信長の正室濃姫と同様に、本能寺の変の際に生きていたかどうか不明である。

この熙子の妻としての素晴らしさを後世に伝えた人物は、俳人・松尾芭蕉《まつおばしよう》である。元禄二年（一六八九）、四六歳の芭蕉は江戸深川《ふかがわ》の草庵《そうあん》から門人曾良《そら》を伴い奥羽・北陸行脚の旅に出て、美濃大垣《おおがき》を『おくのほそ道』結びの地にしたが、実際は九月六日の伊勢遷宮《せんぐう》を拝そうと宇治山田《うじやまだ》（三重県伊勢市）まで、さらに旅を続けた。その行程は五カ月半、六〇〇里（二四〇〇キロ）に及んだ。芭蕉は旅の終わりに、俳人の島崎又玄《しまざきゆうげん》宅に一夜の宿を借りた。又玄は御師《おんし》という身分の低い神職で貧しかった。

又玄の若く清楚な妻は夫に従順でかいがいしく、実に気持ちよく芭蕉をもてなしてくれた。芭蕉はその又玄の妻に、光秀の妻を重ね合わせた。それは北国《ほつこく》街道の越前福井で聞いた話に感銘を受けたからだった。

芭蕉は涼秋《りようしゆう》の月の光を浴びながら、縁側で熙子のことを、妻の鑑《かがみ》として又玄の若き妻に話したのである。

その時の様子を芭蕉は句に残している。

月さびよ明智が妻の話せむ（『芭蕉句集』）

『芭蕉真蹟懐紙《しんせきかいし》』によれば、光秀がまだ貧しかった昔、好きな連歌《れんが》の会も催せずに沈んでいると、妻は密かに女の命である黒髪を切って、会の費用をつくり出した。光秀はこの妻の真心に打たれて、「お前を五〇日のうちに輿《こし》に乗れる身分にしてみせる」と誓ったというのである。

『陰徳太平記《いんとくたいへいき》』には〝明智が妻〟のことがより詳しく語られている。ただ同著では連歌会ではなく、朋友《ほうゆう》との夜話の持ち回り会としている。

時に光秀は一簞《いってん》の食べ物、一瓢《いっぴょう》の酒にも事欠く窮貧《きゅうひん》の身だった。だが仕方なく会のことを妻に話すと、意外にあっさり快諾してくれた。宴会の日が来る。山肴野蔌《さんこうやそく》（山海の珍味のこと）が豊富に出て、友人の家のどこよりも豪華で、大いに盛り上がる。だが光秀は内心穏やかでない。宴《うたげ》は夜が白むまで続き、喜んで友人たちは帰ったが、光秀は不審だった。

ある時、妻が浴室で髪を洗うのを見かける。すると髪筋まわりばかりを残し、中はことごとく断ち切ってあった。怪しいと思い問うと、会席の料理を整えるにはこの方法（黒髪を売ること）しかなかったので、髪を断って髪《かつら》としたという。

光秀は妻の志《こころざし》に感激し、「われが落ちぶれたために、女房にかかる憂《う》き目をさせるとは無念のことよ。この上はいかなる大家にも奉公の労を取って、立身出世をし、わが妻の恩に報いよう」と決意したと記す。

分裂した土岐《とき》明智氏

光秀は終生、友誼《ゆうぎ》を大事にし、常に連歌を愛した武将であった。

詩歌連俳《しいかれんぱい》に通じ、儒教・仏教・神道にも造詣《ぞうけい》が深かった芭蕉は、忠孝《ちゆうこう》を重んじる儒教倫理が規範の元禄という時代に、主君殺しの極悪人と烙印《らくいん》を押された人間としての光秀を理解し、〝明智が妻〟の素晴らしさを語ることで、光秀をも顕彰したのである。

その〝明智が妻〟煕子は土岐明智氏の子孫の娘である。出自がはっきりしない夫の光秀より家柄は上だった可能性もある。

煕子の先祖は、平安末期に清和《せいわ》源氏の流れを汲《く》む源光衡《みつひら》が美濃土岐郡に土着して、地名を名字にし、美濃源氏の嫡流・土岐氏が誕生したことに始まる。光衡の曾孫《ひまご》に当たる頼貞《よりさだ》は、足利尊氏《たかうじ》の戦いを〝桔《き》梗《きょう》一揆〟と称される一族で加勢して足利幕府の成立に貢献し、美濃国守護となった。その孫頼重《よりしげ》（頼兼《よりかね》）は『明智氏一族宮城家相伝系図書《みやぎけそうでんけいずがき》』（東京大学史料編纂所蔵）によれば、美濃可児《かに》郡の明智庄を含む一円、土岐郡の妻木《つまき》郷など、また多芸《たぎ》郡（岐阜県大垣市・養老《ようろう》町など）、さらには尾張国の一部も取り込む広い土地を分与され、可児郡に明智城（長山《ながやま》城）を築いて土岐明智氏を興《おこ》した。なお初めに拠点にしたのは妻木郷に築いた妻木城だったともされる。

妻木氏の菩提寺・崇禅寺の総門越しに見る妻木城跡。総門は妻木城から移築

　だが頼重が死ぬと、明智氏の実権は頼重から弟の頼高《よりたか》（頼春《よりはる》）に移り、頼重の子・頼篤《よりあつ》（頼綱《よりつな》）と争う。また子孫も再三再四、内紛を繰り返して、土岐明智氏は明智氏と妻木氏に分裂した。

　土岐市文化振興事業団編の図録『光秀の源流　土岐明智氏と妻木氏』によれば、斎藤道三と土岐頼芸が戦った時代、奉公衆《ほうこうしゅう》として室町幕府に出仕していた明智定明《さだあき》は頼芸に味方し、定明憎しの弟頼安《よりやす》は妻木氏を公然と名乗って道三についた。その結果、定明は戦死し、明智嫡流は滅びたともいわれる。そして妻木頼安は明智・妻木の両者の長となり、一方の定明の息子は明智姓を捨て菅沼《すがぬま》姓を名乗り、江戸時代は土岐氏に復して、沼《ぬま》田《た》藩土岐氏（三万五〇〇〇石）の家祖となった。図録はそう語っている。

だが明智氏の系図はまちまちで、正直なところよく分からない。明智嫡流が滅びたというが、明智城の明智氏は、他の史料からは健在である。

そして道三の傘下に属した妻木の娘と、明智を名乗る光秀が結ばれた。その妻を『美濃国諸旧記』は「妻木勘解由左衛門範凞《かげゆざえもんのりひろ》の女《むすめ》」とし、『明智軍記』、さらには細川家記である『綿考輯録《めんこうしゆうろく》』もこれを踏襲して、いまや定説になっている。しかし妻木範凞の名は一次史料に出てこない。そこで頼安の子の広忠《ひろただ》ではないかといわれるようになった。

広忠は永禄二年（一五五九）の妻木村八幡神社棟札《むなふだ》に藤右衛門《とうえもん》広忠とあり、当時の妻木城主だったことは確実である。また定光寺《じょうこうじ》（愛知県瀬戸市）祠堂帳《しどうちょう》に「拾弐俵、明智藤右衛門入道殿、天正七年（一五七九）二月十五日」とあり、米一二俵を寄進したことが分かる。当時、広忠は光秀の腹心となっており、明智姓に復して奮戦している。

『寛永諸家系図伝』の「妻木系図」には広忠は光秀の伯父とあるが、妻木範凞と妻木広忠は同一人物と今日ではみられるようになった。

光秀の出自を探る

光秀と熙子は天文十九年（一五五〇）四月十五日、光秀二三歳、熙子一六歳で結婚したとされる。光秀も広忠も稲葉山城の道三のもとにあって、熙子を知ったと思われる。お互いが見初《みそ》め合っての結婚か、見合いによるものかは不明である。

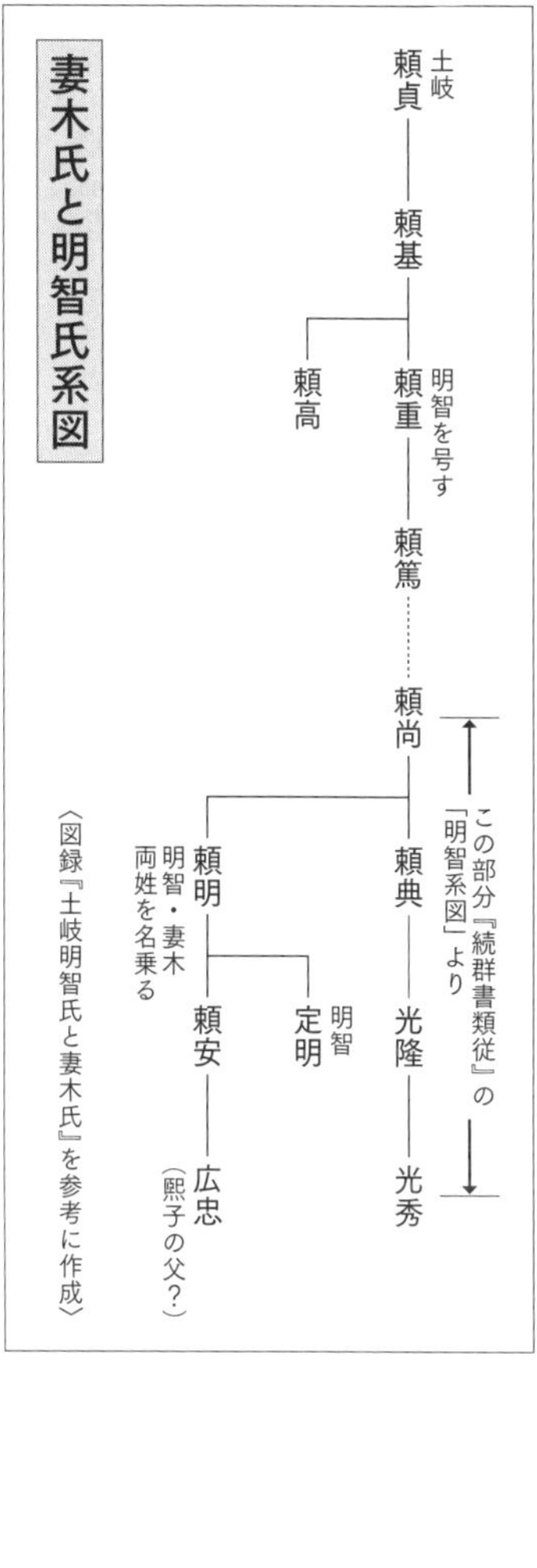

〈図録『土岐明智氏と妻木氏』を参考に作成〉

ここで問題になるのは、光秀の出自である。父も母も出生地も年齢も、正確には不明な中で、戦後間もなく出た光秀の二冊の伝記が若い光秀像を作り上げた。それは共に国学院大学卒で東京帝国大学史料編纂所に勤務し、師弟関係にあった高柳《たかやなぎ》光寿《みつとし》氏と桑田《くわた》忠親《ただちか》氏の見解だった。高柳氏は、光秀は土岐氏の庶流で、文献に出るほどの家柄でなく、低い身分から成り上がったとし、桑田氏も父親も分からないほどの低い身分で、土岐明智氏の直系ではないとした。

この路線はいまも引き継がれているが、最近は研究が進み、光秀について一次史料の『立入《たていり》左京亮《さきょうのすけ》入道《にゅうどう》隆佐《りゅうさ》記《き》』に「美濃国住人とき（土岐）の随分《ずいぶん》衆也。明智十兵衛尉《じゅうべえのじょう》、その後上様（信長）に従い、仰せ出られて惟任日向守《これとうひゅうがのかみ》になる」とあり、光秀が美濃出身で、土岐氏の家臣だったことが確実視されるようになった。

ここで注目されるのは、先にも引用した『明智氏一族宮城家相伝系図書』で、光秀は光綱の子として「享禄《きょうろく》元年戊子《ぼし》（一五二八）八月十七日、石津《いしづ》郡多羅《たら》（岐阜県大垣市上石津）に於《おい》て生《うま》る、云々《うんぬん》。多羅は進士《しんし》家の居城也。或《あるい》は明智城に於て生る共《とも》、云々。母は進士長江《ながえ》加賀《かが》右衛門尉《えもんのじょう》信連《のぶつら》の女《むすめ》也。名を美佐保《みさほ》と云《いう》」と述べる。

そして「伝えに曰《いわく》」として、光秀の出生の秘密が明かされる。「実は妹聟《いもうとむこ》進士山岸勘《やまぎしか》解由《げゆ》左衛門尉《さゆうえもんのじょう》信周《のぶかね》の次男也。信周は長江信連の子也。光秀、実母は光綱の妹。進士家は濃州に於て長江家と号す。（中略）光綱、妻縁を取り結び、既に八年の春秋を経る。然《しかれ》共《ども》、生得《せいとく》（生まれつき）病身にして一子を設けず。齢《よわい》四十に及ぶ。よってその父光継の賢《けん》慮《りょ》として、光秀誕生の時、其儘《そのまま》これを取り迎え、養子とし、家督を相譲る。よって光秀、光綱の子と成す」というのである。

光秀は従来、父とされてきた光綱の実子ではなく、妻が病弱で子がなかったことから、光綱の妹が進士信周に嫁いで産んだ次男を養子に迎え家督を継がせたという。

光秀の誕生地を『続群書類従《ぞくぐんしょるいじゅう》』の「明智系図」も美濃多羅城としている。だがここで悩ましいことがある。美濃にはもう一つ多羅城（砦）という山城があった。所在地は岐阜県恵那市明智町で、土岐明智城といい、落合《おちあい》砦とも称される。その千畳敷と呼ばれる三の曲輪《くるわ》には光秀産湯《うぶゆ》の井戸がある。さらに近くには光秀を産んだ母お牧《まき》の方の墓（寛保《かんぽう》三＝一七四三年建立）が、樹齢四〇〇年を超えて神木と崇《あが》められる高野槙《こうやまき》の根元にある。

この土岐明智城（多羅砦）は、可児市の明智城とともに光秀生誕地の有力候補地として、お互い競い合う関係にある。

それにしても『明智氏一族宮城家相伝系図書』の光秀養子説は非常に魅力的である。

養子説にまつわる地はもう一カ所存在する。小栗栖で死んだ光秀は替え玉で、関ヶ原合戦で徳川家康に味方しようと出陣の途次、川水に溺《おぼ》れて死んだという伝説が残る岐阜県山県市中洞《なかほら》である。ここには光秀の墓があるが、産湯の井戸もあり、光秀誕生の地と伝えられる。

光秀の出生場所は今となっては特定できず、光秀の父の名も光綱、光隆《みつたか》、光国《みつくに》と史料によって三説に分かれる。その中で、『系図纂要《けいずさんよう》』所収の「明智系図」と『明智軍記』が光秀の父とする光綱の養子説に説得力がある。また最近では、江戸前期の貞享《じょうきょう》年間（一六八四～八八）にまとめられた近江国の地誌『淡海温故録《おうみおんころく》』に、光秀は犬上郡佐目《いぬかみさめ》（滋賀県多賀町佐目）の生まれであると記され注目されているが、それ以上は分からない。

天下一の美人

この光秀で注目すべきなのは教養の高さである。若い時から連歌に親しみ、和歌では『古今集』などからの本歌取《ほんかど》りの歌もあって古典に通じていた。また漢学の素養もあった。これは美濃で土岐・斎藤氏による文芸活動が盛んだったことに起因するとみられ、その環境が教養人・光秀を育《はぐく》んだ。

しかも主君の信長同様に、光秀は津田《つだ》宗及《そうぎゅう》、今井宗久を師匠として茶の湯を愛し、茶器を集める。

ここに妻煕子の存在が大きく浮かび上がる。土岐市・瑞浪《みずなみ》市を主体とした、かつての土岐郡地域は現在、陶磁器生産量全国一を誇る。それは戦国時代、妻木氏が陶工を保護し、

明智城跡本丸近く、斎藤義龍との合戦で戦死した七将を葬った「七つ塚」から可児市内を望む

多羅砦跡の光秀産湯の井戸（恵那市明智町）

窯業《ようぎょう》を奨励したからである。妻木城の周辺には多くの窯《かま》が築かれる。しかも、瀬戸《せと》から東美濃に窯業地を移す信長の政策によって妻木領内の窯場は大いに活況を呈したとみられ、日用品だけでなく高級茶陶《ちゃとう》も造られた。妻木氏は光秀から明智姓に戻るようにいわれ、明智を名乗り、明智・妻木は一体化するが、妻木領内の茶陶は大いに光秀を楽しませた。

そして万一、光秀が光綱の子ではなく養子であるならば、土岐明智氏の血を引く熙子の方が身分は上になる。しかし熙子はそんなことで夫を見下す女ではなかった。その熙子がかなりの美人だったことを窺《うかが》わせる逸話が『落穂雑談一言集《おちぼざつだんひとことしゅう》』にある。

信長が近習《きんじゅ》と話していて、ある時、漁色《りょうしょく》の話題になった。すると一人が「明智殿の妻女こそ、天下一の美人でござろう」といった。信長が一度見てみたい気持ちになったところに、もう一人が「家臣らの妻に、朔日《ついたち》と十五日に御礼出仕《おんれいしゅっし》を命じてはいかがでしょう」と知恵をつけた。さっそく信長は御礼出仕の命令を出して、光秀の妻が登城してくるのを物陰に隠れて長廊下で待ち伏せ、通り過ぎたところを後ろから抱きついた。光秀の妻はとっさに、相手が信長とは気づかずに扇でしたたか打ち据え、その場を逃れた。帰宅して光秀に話すと、きっと信長に違いなく、これで済まないだろうということになった。やはり信長は根に持って、光秀に度々《たびたび》恥をかかせるようになり、これが遺恨となって本能寺の変につながったとする。

また熙子が結婚する直前、重い痘瘡《とうそう》（天然痘）に罹《かか》ったとの話が伝わる。命に危険はなかったが、美しかった顔にアバタが残った。熙子の父は良縁で破談にはしたくなかったので、顔がそっくりな妹を身代わりにした。しかし光秀は熙子の顔にあったホクロがないことから別人と見破り、自分が望んだのは妹ではないとして、熙子を娶《めと》ったとされる。

だが、この話は事実ではなさそうだ。よく似た話で有名なのは高橋紹運《たかはしじょううん》の妻である。紹運が婚約した斎藤鎮実《しげざね》の妹は、美しく、心のきれいな女性だった。だが先方から婚約破棄を申し入れてきた。聞けば痘瘡にかかってアバタ顔になってしまったからだという。紹運は「女は顔でない、心根だ。そなたの妹を妻にする気持ちは変わらない」と主張し、約束通り妻にした。この妻こそ西国で武勇第一と称された立花宗茂《たちばなむねしげ》の母である。

戦国の世、痘瘡は誰もが罹る伝染病だった。重症化すれば死亡率も高く、顔にアバタが残る怖い病気だった。伊達政宗は痘瘡から右目を失い、徳川三代将軍の家光《いえみつ》は死の一歩手前まで行った。家光は乳母の春日局《かすがのつぼね》（第七章で詳述）が自《みずか》ら薬断ちをして必死に看病し、またお百度を踏んで祈願してやっと回復したが、この春日局も娘時代に被患《ひかん》して重度のアバタ顔になっていた。

アバタが薄く顔に残る男女は多く、豊臣秀吉が寵愛《ちょうあい》した淀殿《よどとの》にもわずかには痕跡が残っていたとされる。煕子もまた同様で、美しさを損《そこ》なうほどのものではなかったようだ。

暗転した新婚生活

ところで光秀は煕子を妻に迎える前に、若気の至りから、別な相手に子どもを産ませてしまったようだ。『美濃国諸旧記』によれば、「山岸勘解由左衛門尉光信《みつのぶ》（光秀の叔父）の娘に千草《ちぐさ》という美婦がいた。光秀が部屋住みだった若い頃、遊客となって光信のもとに来て、揖斐《いび》郡の桂《かつら》郷の下館（岐阜県揖斐川町）にしばらくいたが、ともに若年ゆえに密通して千草に男子が生まれた。その子は作之丞《さくのじょう》光重《みつしげ》というが、明智家の家督にならず、氏を憚《はばか》り、母方の氏を用いて西美濃に住み、子孫は郷士《ごうし》となった」とある。

煕子がこの事実を知っていたかどうか不明だが、光秀と煕子は結ばれた。だが稲葉山城下での新婚生活はすぐに暗転し、幸せを感じた時間は短かった。道三が息子義龍と戦って死んだからだ。

その五ヵ月後の弘治二年（一五五六）九月、明智城は斎藤義龍軍の襲来を受ける。戦いの指揮をとったのは明智兵庫助《ひょうごのすけ》光安《みつやす》入道《にゅうどう》宗宿《そうしゅく》であった。宗宿は道三・義龍父子が戦った際、道三への恩義を痛感しており、味方したかった。だが義龍が土岐氏の血を引く以上、それは土岐・明智氏先祖への大不孝になるとして、いずれの陣営にも属さなかった。

その宗宿は義龍の勝利後も義龍のもとに出仕せず、煮え切らない態度に怒った義龍は明智城に軍勢を差し向ける。『美濃国諸旧記』ではその兵力は三七〇〇人（『明智軍記』は三〇〇〇余人）。これに対して明智方はわずか八七〇余人（同・三八〇余人）に過ぎなかった。時に身重だった熙子も夫光秀と明智城に籠城した。

宗宿は明日を決戦の日と決めた前夜、酒宴を開き、夜もすがら謡《うた》い舞い、死出《しで》の盃とした。夜が明けると城外に打って出て思う存分に戦い、早々と全軍を引き揚げさせ、申《さる》の刻（午後四時頃）に本丸に火をかけて、ことごとく自害して果てたと『美濃国諸旧記』は記す。

この時、光秀もまた城と運命をともにしようとした。だが宗宿はそれを許さず、『明智軍記』によれば光秀の鎧《よろい》の袖を摑んで「某《それがし》は亡君（斎藤道三）の恩のために相果てよう。貴公はいま身を捨てるべきではない。命をまっとうし、名字を起こされよ。それこそ先祖の孝行である。その上、貴公は当家の嫡孫《てきそん》であり、ことにすぐれて勇才であり、常人とは思われない」と説得し、「某の息子の弥平次《やへいじ》と甥の次郎光忠《じろうみつただ》を託したい」としきりに懇願《こんがん》した。ここに光秀は理に服し、涙とともに、妻と娘および託された二人を伴い、明智城を脱出したのだった。

光秀は宗宿から託された弥平次と光忠を、途中立ち寄ったとみられる叔父の山岸光信宅に預け、家族だけを連れて郡上《ぐじょう》街道を経て、白鳥《しろとり》から美濃と越前の国境にある標高七五〇メートルの油坂《あぶらさか》峠を越えたようだ。光秀・煕子夫妻が頼った長崎称念寺《ながさきしようねんじ》（福井県坂井市丸岡町《まるおか》）が発行した冊子（高尾察誠《たかおさつじよう》住職著）には、油坂峠の名は脂汗《あぶらあせ》をかかなければ越えられない難所ということで名付けられたとあり、光秀は臨月まぢかな煕子を仰向け（背中合わせ）に背負い、長女の手を引いて峠を越えたと書かれている。おそらく背負子《しよいこ》に乗せて担《かつ》いで運んだのであろう。

一行は九頭竜川《くずりゆうがわ》に沿って大野《おおの》に出て、北ノ庄から長崎称念寺に落ち延びる。なぜ光秀は称念寺を頼ったのだろうか。寺伝によれば、光秀の母（お牧の方）に竹川《たけかわ》という侍女がいて、その叔母が称念寺の塔頭ないし末寺の西福庵《さいふくあん》の庵主をしており、その縁によるものだったという。

光秀が牢人の時に、時宗《じしゆう》の寺である長崎称念寺の門前に住んでいた事実が、一次史料

『遊《ゆ》行《ぎょう》三《さん》十《じゅう》一《いち》祖《そ》京《けい》畿《き》御《ご》修《しゅ》行《ぎょう》記《き》』によって明らかになっている。称念寺は鎌倉時代に時《じ》衆《しゅう》（時宗の寺）という念仏宗派の道場になった。この宗派は遊行といって、全国を遊行上人が布教して歩く。三十一代遊行上人の同念《どうねん》が残した天正八年（一五八〇）正月二十三日の記録の中に、「惟任方もと明智十兵衛尉といひて、濃州土岐一家牢人たりしが、越前朝倉義景を頼み申し長崎称念寺門前に十ヶ年居住す」と記述されているのだ。この記録は愛知県碧南《へきなん》市の大浜《おおはま》称名寺に伝来した写本である。

越前の長崎称念寺。光秀とその家族は、この寺の北国街道に面した門前に住んでいたという

なお『美濃国諸旧記』には「光秀、弘治二年の秋に当国を出でて、翌年より六ヶ年の間、国々を遍歴して、その後織田信長に仕える」とある。

光秀・熙子夫妻は称念寺の門前に住んで、光秀は近所の子どもたちに勉強を教えたとされる。また光秀はここで称念寺の薗阿《えんな》上人、また称念寺末寺で金融・海運業を運営していた光明院《こうみょういん》から、京や諸国の情報を得ることができたという。

さらに『明智軍記』は光秀が諸国を行脚して見聞を広めたことを記す。血縁の僧が称念寺におり、妻子を預けて弘治三年（一五五七）の春頃に加賀・越中を通って越後の春日山に行き、上杉謙信《うえすぎけんしん》の勇健な姿を見聞した。また陸奥《みちのく》までも行脚し、伊達輝宗《てるむね》、南部《なんぶ》（石川）高信《たかのぶ》らの城々を見て、常陸《ひたち》、関東の城下で知略を学んだ。甲斐では武田信玄の武略の様子を観察した。

尾張では織田信長の清須城を訪れている。信長の正室は幼馴染の濃姫である。立ち寄って明智家の滅亡を悲しみ、再起に賭ける光秀を濃姫が励まし、勇気づけたかもしれない。また信長に対面した可能性もある。

もしそうならば、この対面は光秀出世の大きな布石となったはずである。ただ事実は不明である。

光秀はまた中国、四国、九州と西日本をも見て廻り、知識を蓄積した。

門前での暮らし

この間、光秀を待つ熙子は、成長する長女に勇気づけられながら、乳飲み子の次女の面倒をみる一方、機《はた》を織ってわずかな労賃をかせぎ、庭に野菜を植えて日々の糧《かて》の一部とした。熙子は行脚する夫に心を馳《は》せつつ、目の前の生活に追われ続けた。

光秀は帰ると塾を開いて、近所の子どもたちに勉強を教えたが、生徒は近所の農家の子が多く、塾料は米や卵などがほとんどで、手にする金銭は少なく、手元不如意《ふにょい》な日々に明け暮れた。

現在、光秀・熙子夫妻が住んだ称念寺の門前（昔と今では門の位置が違い、当時は北国街道に面していた）付近の田園風景の広がりの中を、北陸新幹線の金沢―敦賀《つるが》間の延長に伴う高架工事が進む。

この称念寺門前にあって、光秀は貧しくても、人との付き合いを重視した。山鹿素行《やまがそこう》著『武家事紀《ぶけじき》』に「初名十兵衛尉、朝倉義景が家臣黒坂備中守《くろさかびっちゅうのかみ》が所につかえ、後、細川藤《ほそかわふじ》孝《たか》に仕う」とある。称念寺冊子によれば、称念寺の近所に黒坂館《やかた》があったという。薗阿上人の仲立ちで、黒坂備中守と交流が生まれたと考えられる。

称念寺は一乗谷《いちじょうだに》の朝倉居館から北へ四里半（約一八キロ）の距離にある。近くの黒坂館は備中守自らの知行地にあったのだろう。光秀は朝倉氏の家臣や陪臣《ばいしん》たちと交わる。

また一遍《いっぺん》が開祖の時宗は芸能にすぐれた人物が多く、足利将軍に同朋衆《どうぼうしゅう》として仕え、時宗の宗徒は阿弥《あみ》（阿弥陀仏の略）を法号として剃髪《ていはつ》し、遊行によって地方に能・立花《たてばな》・

茶の湯・連歌などを伝えた。称念寺を中心とした時衆との交わりの中で、光秀はもともと素養のあった連歌や茶の湯に魅入《みい》られていったと思われる。

光秀が連歌会を催し、妻の熙子が黒髪を売って宴の材料を買い、光秀の友人をもてなしたのは、この称念寺門前での暮らしの中でだった。

そして注目すべきことに、称念寺の南西わずか二〇〇メートルの場所で、令和二年（二〇二〇）八月一日、現地発掘説明会が行なわれた。そこは福井県埋蔵文化財センターが発掘調査を進める約四〇〇〇平方メートルの長崎遺跡で、発掘調査が継続中の土中から、光秀と熙子ら家族が見たであろう遺構や遺物が見つかったのである。屋敷を区画する直角の溝、塀、建物の柱穴、複数の井戸跡が出土し、鎌倉後期以降、室町時代に大規模な屋敷があったことが明らかになった。しかも風炉《ふろ》や中国製の磁器、瀬戸美濃《せとみの》焼の陶器なども見つかり、経済力があって茶の湯を好む武家、もしくは豪商の屋敷跡だったことが分かった。

まさに牢人光秀はそんな環境に身を置き、連歌会を催し、妻の真心に打たれたのだ。

『陰徳太平記』によれば「汝《なんじ》がいまの恩に報いよう。だがなお汝はここにあって紡績の労をなし、一両年の間は憂きながら、かかる蓬《よもぎ》の蔭《かげ》にあって吾《われ》を待て。努《ゆめ》にも心《こころ》織《ぼそ》く思ってはならぬ」と涙を抑えて立ち別れた。やがて縁あって細川兵部大輔《ひょうぶたいふ》藤孝に仕えたが、禄はわずか八〇石で、しかも石混じりの痩《や》せ田に怒り、細川家を去って織田信長に仕え出世したとされる。同様の記述は医師江村専斎《えむらせんさい》の口述記『老人雑話』、宣教師フロイスの『日本史』にもある。この記事を証明するように『多聞院《たもんいん》日記』の天正十年（一五八二）六月十七日の条には「細川の兵部太夫（大輔）が中間《ちうげん》にありし（光秀）を引き立て」とあり、藤孝のもとにあったことは事実といえよう。

地中から姿を見せた一乗谷朝倉館の遺構

光秀の居住地跡「土井ノ内」にある明智神社。細川ガラシャ誕生の地とされ、石碑も建つ

　後のこととなるが、『陰徳太平記』は「かつて身を立てし後、この女はかなく成《なり》ければ、昔の髪切りたりし恩を報ぜんとて、葬送の供奉《ぐぶ》して行けるこそ哀れなれ」といっており、当時、夫は妻の葬

列に加わらなかったが、光秀は妻の恩に報いるために、自ら参列したと述べる。

また前述したように、『芭蕉真蹟懐紙』には「お前を五〇日のうちに輿に乗れる身分にしてみせる」といったとあり、さらに「この妻のために絶対に妾《めかけ》（側室）は持たない」と誓ったとの伝承もある。

『陰徳太平記』などが細川藤孝に仕えたとする一方で、『明智軍記』には朝倉義景に召し出され、破格の五〇〇貫文の知行をもらい、鉄砲寄子《よりこ》（同心）一〇〇人を預けられたとある。それは永禄八年（一五六五）のことで、『遊行三十一祖京畿御修行記』にあるように、称念寺門前に住んでちょうど一〇年が経《た》っていた。

実はこの三年前に加賀の郷民《ごうみん》が一揆を起こし、その鎮圧に朝倉軍が臨んだ際、黒坂備中守も出馬した。おそらくこの時、親しくなった光秀に参陣を促《うなが》した可能性がある。光秀は道三仕込みの鉄砲の腕前で相手を次々に倒した。また諸国行脚の見聞の甲斐あって、軍勢の配備を忠告すると、それがすべて理にかなっており、義景から感状《かんじょう》（戦功を賞する書状）とともに鞍《くら》をつけた月毛《つきげ》の馬（クリーム色に近い栗毛で、鬣《たてがみ》が白い）などを拝領した。

これがきっかけとなり、義景の面前で射撃の披露をした。一五間《けん》（約四五メートル）先の一尺（約三〇センチ）四方の的《まと》に一〇〇発の鉛玉《えんぎょく》を撃ち放った。すると黒点に六八発が命中し、残りのすべても的の角に当たって、失敗した玉はなかった。義景はその才能に感銘し、光秀を家臣に取り立てたのだ。

ただし義景ではなく、黒坂備中守の家臣として採用されたようだ。なぜなら光秀が義景直属の家臣に採用されたのであれば、一乗谷に屋敷地を与えられたはずだからである。だが実際に拝領した屋敷地は一乗谷の城外で、上城戸《かみきど》を出て朝倉氏館から峠を越えておよそ三キロ行った、大手道（朝倉街道）沿いの福井市東大味町《ひがしおおみちょう》であった。大手道から入って緩やかな斜面が続く道を少し登った山の付け根に、土井ノ内《どいのうち》と称される屋敷跡が残る。

光秀・熙子夫婦が貧困に耐えて得た、待望のわが家だった。いまそこに「あけっつぁま（明智様）」と呼ばれる小さな祠《ほこら》の明智神社が建っており、丈《たけ》一三センチの光秀坐像が御神体として納められている。神社の前方脇には、角形の石に「理言久意信士《りげんきゅういしんし》」と刻まれた光秀供養墓もある。

熙子はやっと掴んだ経済的な安定の中で三女玉《たま》（珠とも）を産んだ。後に細川忠興《ただおき》の正室となる細川ガラシャである。明智神社の低い石垣がめぐる小さな境内《けいだい》に「明智光秀公三女細川ガラシヤゆかりの里」との石碑が建立されている。

■光秀は医学にも通じていた

光秀は朝倉氏に仕官がかなって後、信長に永禄十一年（一五六八）に仕えるまでの三年間の動向がよく分からない。ただ間違いないことは、ここで一乗谷に来た足利義昭に出会い、義昭に従っていた細川藤孝と親しくなったことだ。

もし『陰徳太平記』などの記述が正しければ、光秀は牢人の貧しい時に細川家に雇われ、藤孝に仕えたことが思わぬ縁になったことになる。義昭が朝倉氏を頼った時、すでに光秀は朝倉氏の家臣であり、光秀と藤孝は対等な立場になっていた。しかも僧籍から脱して還俗《げんぞく》したばかりの義昭は不安で、武をもって守ってくれる家臣が欲しかった。そこで藤孝を介して光秀に頼み、また光秀も義昭の将来性に賭けて家臣になることを承諾したのではないだろうか。

『光源院殿御代当参衆《こうげんいんでんごだいとうさんしゅう》幷《ならびに》足軽《あしがる》以下衆覚《いかのしゅうおぼえ》』の後半部分に明智の名が出てくる。光源院殿とは、三好《みよし》三人衆（三好長逸《ながゆき》・岩成友通《いわなりともみち》・三好政康《まさやす》）と、松永久秀《まつながひさひで》に暗殺された足利十三代将軍の義輝《よしてる》のことで、その実弟が義昭であり、三好三人衆らに命を狙われていた。

この覚書の後半は、義昭が一乗谷にいた永禄十一年頃に追加されたといわれ、足軽衆として「明智」の名が見える。ここでいう足軽とは集団戦で活躍する農民主体の雑兵《ぞうひょう》を意味するのではなく、騎乗しないで将軍に奉公する直臣《じきしん》を意味していた。

しかも最近、注目されるのは、闇に包まれていた若き光秀に関する最も古い史料が発見されたことである。

それは永禄九年（一五六六）十月二十日に、義昭の臣だった米田貞能《こめださだよし》が、沼田勘解由左衛門尉が所持した医学書『針薬方《はりくすりがた》』を近江坂本《おうみさかもと》（滋賀県大津《おおつ》市）で筆写したもので、この医学書の奥書きに「明智十兵衛尉、高嶋田中《たかしまたなか》城籠城の時の口伝《くでん》なり」とあることだ。

光秀は鉄砲の名手だけでなく、医師としての素養があったことが分かった。つまり義昭の足軽衆となって後か、もしくはその直前、三好三人衆らの攻撃を防ぐために光秀も出陣し、田中城（滋賀県高島市）に籠城中、一乗谷に伝わる「セイソ散」という朝倉氏の薬の原料や調合を口伝したことが判明したのである。

その一乗谷からは近年、中国の医家・王好古《おうこうこ》が一二四一年に著した本草《ほんぞう》書（医薬書）『湯液本草《とうえきほんぞう》』の焼け残った冊子片が出土し、また医師の屋敷跡も発見され、生薬《しょうやく》をすり潰《つぶ》す容器や銀匙《ぎんさじ》など薬の調合に使われた器具なども多数が発掘された。

光秀はこうした当時、最先端の医療がなされる一乗谷において、その知識を習得できる高い教養を持っていた。称念寺門前での貧しい生活に立ち返れば、この時すでに医学的な知識を光秀が身につけていたことを意味する。

光秀の若い時代、医師という専業の職能はまだ未分化で、信長・秀吉の時代になって曲直瀬道三《まなせどうさん》が医学校を始めてから医学が確立され出した。それまで武士たちは独学で中国の医学書に学び、戦場における応急措置のために薬草を知り、その経験則から薬草の調合をし、才能ある者は患者の治療にあたっていたのである。

光秀は称念寺門前において、塾を開いて子どもに勉強を教えるだけでなく、病気になった近隣の高齢者や女子どもの治療もして、周囲の信頼を得ていたことが想定されるようになった。このことから光秀は慕《した》われ、その信頼のもと熙子は貧しいながら、皆に支えられて忍従の一〇年を耐えたということになる。

比叡山《ひえいざん》焼き討ちでの戦功

ところで朝倉義景と足利義昭の両方に仕えるようになった光秀の軸足は、次第に義昭に移っていく。義昭は義景が自分を奉じて上洛してくれることを求めたが、義景にはその勇気がなかった。不満な義昭の役に立つにはどうすればよいか。そこで浮かんだのが信長だった。全国的に無名に等しかった尾張の信長は、桶狭間の戦いで今川義元の首を取り、一躍、有力武将の仲間入りをする。しかも斎藤龍興を倒して美濃に進出し、天下を狙う野望に燃えていた。光秀は当然ながら明智の血を引く従兄妹の濃姫に仲介の労を頼んで信長と連絡を取ることに成功したと思われる。またこの時、すでに濃姫が死んでいたとしても、信長は濃姫を通じ、かねて光秀を知っていたことは確実である。

光秀は細川藤孝の賛同を得て、義昭の将軍推戴《すいたい》の支援を信長に打診した。信長の野望と義昭の願望が一致して、信長は義昭を美濃に迎え入れる。

永禄十一年（一五六八）九月、信長は上洛の軍を興して、都を占拠していた三好三人衆を追い出し、義昭を足利十五代将軍の座に就けた。光秀の功績は大きく、今度は将軍義昭に仕えるとともに信長の家臣にもなった。光秀は天下人をめざす信長を支えて、羽柴秀吉とともに信長の最有力部将《ぶしよう》（隊を率いる大将）にのし上がる。

光秀は岐阜城下に屋敷地をもらって、熙子と三人に増えた娘たちを呼び寄せる。熙子にとって岐阜と改名されたかつての稲葉山の地は、濃姫と同様に故郷であり、生まれ故郷の妻木郷とともに、糟糠《そうこう》の妻時代にいつも心に浮かんだ、かけがえのない地であった。しかも熙子は明智城を追われて越前に逃げたみじめな姿ではなく、堂々たる武将の奥方として、実に一二、三年ぶりに晴れ晴れしく帰ってきたのである。

夫光秀は、家でくつろぐことはほとんどなく、奉行をつとめる京都を中心に東奔西走《とうほんせいそう》、各地の戦場を飛び回った。

そして光秀が人生をかけた最も重要な戦いは、比叡山延暦寺《ひえいざんえんりゃくじ》をめぐる戦いだった。光秀は生涯、妾は持たぬと誓うほど熙子を想い、娘たちにやさしかった。また後のことだが、討ち死にした家臣・中間（足軽）のために供養米を坂本の西教寺《さいきょうじ》に寄進、その際に個人名と命日を自ら丁寧に書いて、ねんごろに弔《とむら》う情け深さがあった。ただ立ち向かう敵に対しては、信長や秀吉同様に非情であった。その冷徹さが出たのが、比叡山をめぐる一連の戦いである。

元亀《げんき》二年（一五七一）、光秀は信長から近江志賀《しが》郡を与えられ、宇佐山《うさやま》城（別名志賀城・滋賀県大津市）を守備する。朝倉・浅井両軍が襲来し激戦となり、討ち死にした森可成《もりよしなり》の後任だった。標高三三六メートルの山城・宇佐山城は琵琶湖の南端すぐ近くにあって、京都への幹道を扼《やく》する拠点城だった。この戦いで比叡山は朝倉・浅井に肩入れし、信長の言を受け入れようとしなかった。

そこで比叡山を孤立化させるため、光秀は比叡山に与《くみ》する湖西の国衆の懐柔《かいじゅう》に乗り出す。その策略は巧妙で、国衆の一人・和田秀純《わだひでずみ》に宛てた手紙では、本当に和田氏らが服従したかどうかを疑い、後方支援を約束しながらわざと実行せず、約束の鉄砲・玉薬も搬入を遅らせる、したたかな策で相手を探った。また「をさなきもの（人質）」を要求している。

さらに「仰木《おおぎ》の事ハ是非共なてきり（撫《な》で斬り）ニ仕《つかまつ》るべく候」と認《したた》めて、冷酷な顔をのぞかせる。つまり信長の比叡山焼き討ち命令のもと、九月十二日、光秀は宇佐山城を出て仰木谷に入り、僧坊が建ち並ぶ坂本を通り、堂塔《どうとう》伽藍《がらん》がある山上に攻め登った。光秀は僧侶やその家族・使用人などが多くいる比叡山の麓で、有無をいわさず、命乞いする者さえ無視して撫で斬りにし、火を放って僧坊や民家までも焼き払ったのである。

坂本城跡。華麗と称えられた城郭は破壊され、跡形もない

死者三〇〇〇とも四〇〇〇ともいわれる焼き討ちの最大の功労者は光秀だったことを『信長公記』は物語っている。「信長は比叡山を討ち滅ぼして年来の胸のつかえを散じた」

とした後、「志賀郡、明智十兵衛に下され、坂本に在地《ざいち》候ひしなり」として、光秀の手柄のみを記し、この地を光秀に与えたとしているからである。

この光秀について、フロイスの『日本史』は「その才略、深慮、狡猾《こうかつ》さにより、信長の寵愛を受けることとなった」とし、「戦争においては調略を得意とし、忍耐力に富み、計略と策謀の達人であった」と評している。そしてまたフロイスは光秀を「築城のことに造詣《ぞうけい》が深く、優れた建築手腕の持ち主」ともいっている。

志賀郡を拝領した光秀は、この年の十二月、坂本に築城を始めた。その坂本城をフロイスは「大湖（琵琶湖）のほとりにある坂本と呼ばれる地に邸宅と城塞《じょうさい》を築いたが、それは日本人にとって豪壮華麗なもので、信長が安土山に建てたものに次ぎ、この明智の城ほど有名なものは天下にないほどであった」と絶賛している。

熙子はこの端麗《たんれい》な坂本城の女主人になった。琵琶湖の西岸に突き出して、大天守が小天守を従え、水面に浮かぶように建つ平城《ひらじろ》であった。熙子が後半生の一〇年にわたって、日々親しんだ約四万平方メートルの城跡は、いま何の痕跡もとどめないほど見事に破壊されてしまっている。

かつての本丸、二の丸、三の丸の上を県道558号が突っ切り、住宅、工場、田圃など

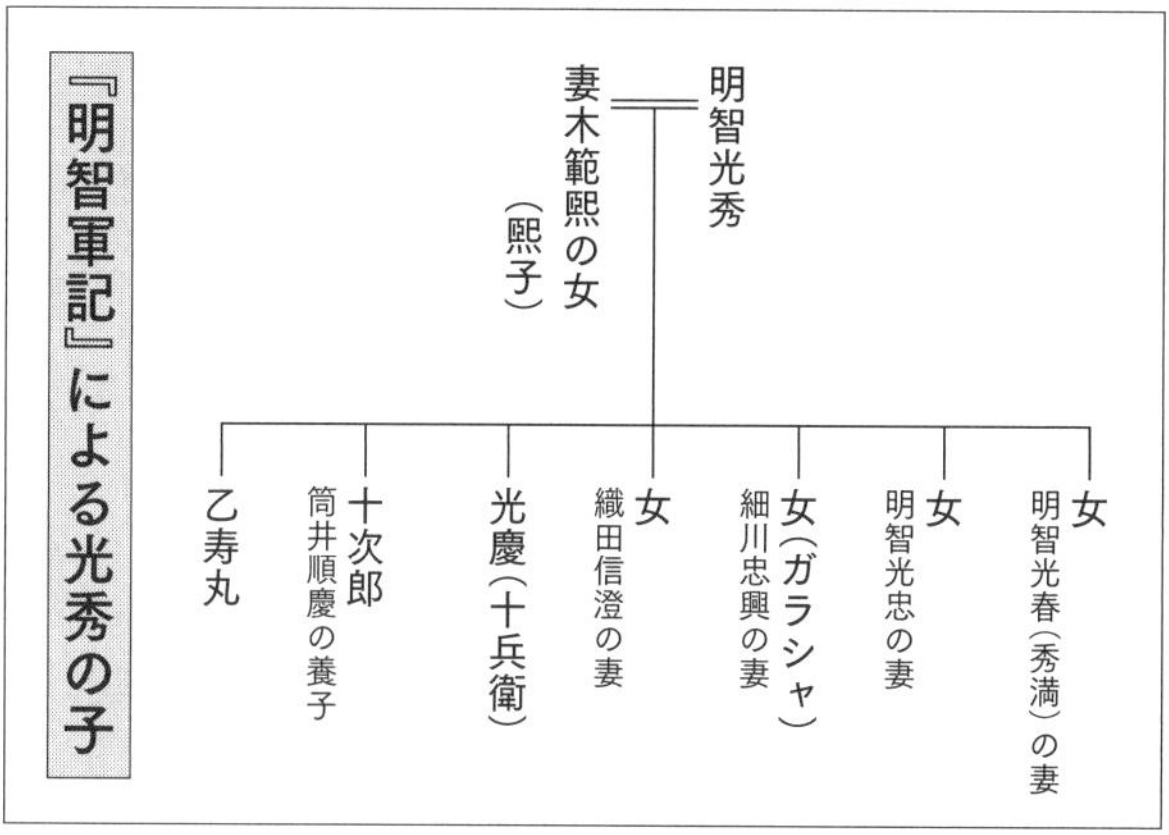
『明智軍記』による光秀の子
明智光秀
妻木範熙の女（熙子）
女
明智光春（秀満）の妻
女
明智光忠の妻
女（ガラシャ）
細川忠興の妻
女
織田信澄の妻
光慶（十兵衛）
十次郎
筒井順慶の養子
乙寿丸

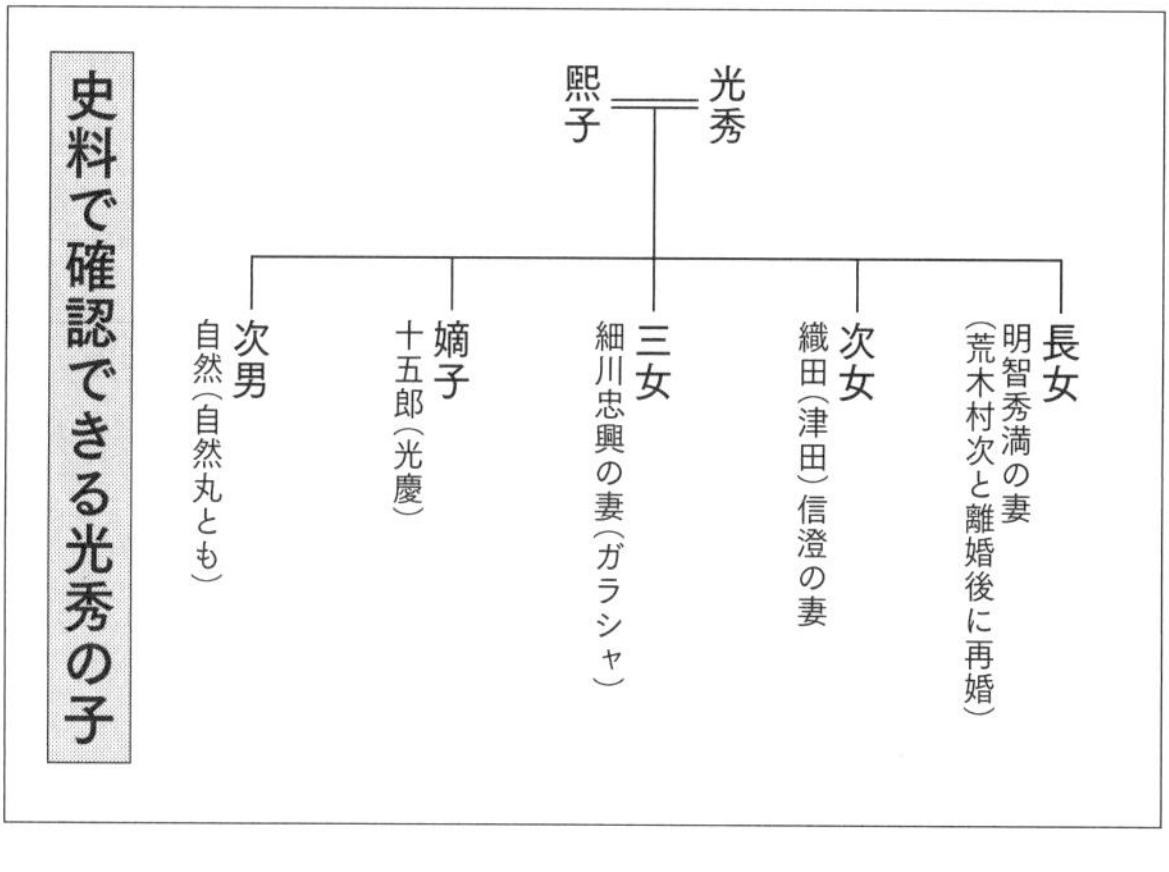
史料で確認できる光秀の子
光秀
熙子
長女
明智秀満の妻
（荒木村次と離婚後に再婚）
次女
織田（津田）信澄の妻
三女
細川忠興の妻（ガラシャ）
嫡子
十五郎（光慶）
次男
自然（自然丸とも）

が広がる。石垣の石は大津城、さらに運ばれて彦根《ひこね》城の石垣に転用され、城跡のよすがは地表に残っていない。ただ琵琶湖の水位が渇水《かっすい》などで低下すると、湖底に本丸の石垣だった礎石群がくっきり残っているのが見られる。

光秀は坂本城主として五万石を拝領した後、丹波を制圧して丹波亀山《かめやま》城（京都府亀岡《かめおか》市）で二九万石を与えられ、近江と丹波で計三四万石の大名となって、羽柴秀吉と競いながら信長家臣の先頭を突っ走る。

光秀の子どもたち

そんな中で煕子は子宝に恵まれた。長女は永禄十二年（一五六九）に十六歳だったと『明智軍記』にある。逆算すると天文二十三年（一五五四）の生まれで、道三が殺され明智城が滅びる二年前の誕生ということになる。次女は明智城から越前に逃れる時、煕子のお腹の中にいて、称念寺門前で生まれたと思われる。

『明智軍記』によれば、次女は明智治右衛門光忠《じえもんみつただ》（光秀の叔父の子）の妻になったとされるが、光忠の存在そのものが不確かである。だがこの次女の生存は明らかで、おそらく津田《つだ》（織田）信澄《のぶずみ》の妻になった娘はこの次女と思われる。そして三女が、光秀が朝倉氏に仕官のかなった年に生まれた玉、つまり細川忠興の妻となったガラシャである。

熙子が産んだ娘として、良質の史料から確認できるのはこの三人のみである。

一方の息子の方ははっきりしない。ただ嫡子は十五郎《じゅうごろう》といった。光秀が本能寺の変の直後、細川幽斎《ゆうさい》（藤孝）・忠興父子に味方になって欲しいと懇願した六月八日付けの書状に「近国を平定し地盤が安定したら、十五郎や与一郎《よいちろう》（忠興のこと）らに引き渡し、自分は隠居する」とあることから、十五郎が光秀の嫡子であることが分かるのだ。

その十五郎は、光秀主催の連歌会や茶の湯に名を連ねる光慶《みつよし》と同一人物とされる。本能寺の変の直前、光秀は愛宕山に参籠《さんろう》した際、この光慶を伴っていた。そして山内の西坊威《い》徳院《とくいん》で里村紹巴《さとむらじようは》らが出席して連歌興行がなされた。ここで詠まれた愛宕百韻《ひやくいん》の光秀の発句「ときは今天《あめ》が下しる五月哉《さつきかな》」はあまりにも有名だが、その百番目の結びの句は、実は光慶の作で、「国々は猶《なお》のどかなるころ」と詠んでいる。『明智軍記』もまた嫡子の名を光慶としており、十五郎＝光慶が光秀の後継ぎであった。

光慶は光秀が催す連歌会にたびたび名前が登場するだけでなく、光秀が坂本城で年頭に行なう初釜《はつがま》にも出席している。

そしてもう一人、自然《じねん》（自然丸とも）という男の子の名が連歌会や茶の湯の出席者の中に出てくる。天正九年（一五八一）二月、信長が京都で正親町《おおぎまち》天皇臨席のもと行なった馬揃えで、光秀は一軍団を指揮する大役に成功した。その慰労も兼ねて、丹後宮津城で細川藤孝・忠興父子の計らいにより七膳《ぜん》の振舞いがなされた。この時、連歌師の紹巴、茶人の津田宗及と山上宗二《やまのうえそうじ》という一流の文化人が列席したが、光秀は息子二人を伴い参加した。その息子は光慶と自然とみられる。

自然は天正十年の坂本城での初釜に出席し、津田宗及の嫡子吉松《よしまつ》（後の宗凡《そうぼん》）に小袖一重を贈った記録がある。また天正二年（一五七四）閏《うるう》十一月二日、坂本城での細川藤孝発句の連歌会に自然丸の名がみえる。

光秀の子どもは『太閤記《たいこうき》』は三男三女、『系図纂要』三男五女、『明智軍記』三男四女、「明智系図」六男五女と、まちまちである。しかし上質な史料から確実に分かるのは二男三女で、煕子ははじめ女の子を三人立て続けに産み、四子と末っ子が男の子だった。光慶はおそらく岐阜で生まれ、自然は坂本城で誕生したと思われる。

煕子はほとんど家を空《あ》ける光秀の分まで、しっかり子育てをした。その息子をフロイスは、坂本城で明智一族が滅びる描写の中で「明智の二子が死んだが、非常に上品な子どもたちで、ヨーロッパの王子を思わせるほどであったと言われ、長男は一三歳であった」と褒《ほ》めている。それは熙子の養育のたまものといえる。

さらに細川家に嫁いだ玉（ガラシャ）が熙子の薫陶をうけて、大名夫人になっても驕《おご》らず、質素な生活に終始した証拠ともいえるものが、細川家の永青文庫《えいせいぶんこ》に残っている。

それは玉夫人手織り・手縫《てぬ》いの丈《たけ》九九センチ、裄《ゆき》六二センチの「露払《つゆはらい》」と命名された衣服である。彼女が夫忠興のために機で織った品で、麻の平織りに渋染めをした非常に粗《そ》樸《ぼく》な汗取り用の下着である。

玉が生まれた年に、光秀は朝倉氏に仕官がかなって牢人生活に終止符をうち、玉が物心ついた時分には貧乏と決別していた。だが熙子はそれでも機を織ることを怠《おこた》らず、玉にも質素倹約を教え、機織りを教えた。玉はその教えを大名夫人となっても守り、麻で夫の汗取り下着を織ったのである。永青文庫が所蔵する忠興の「麻の露払」は、娘玉を通して熙子の賢母ぶりをいまに伝えている。

熙子と本能寺の変

この良妻賢母、熙子の最大の謎。それは濃姫同様に、果たして彼女は、本能寺の変の時に生きていたのか、死んでいたのかが分からないことである。

その謎を解くカギは天正四年（一五七六）にある。光秀はこの年正月、奥丹波にある黒井城《くろいじょう》（兵庫県丹波市春日町）の荻野《おぎの》（赤井《あかい》）悪右衛門《あくえもん》を攻めたが、その最中、信長に恭順《きょうじゅん》の意を示していた八上城《やがみじょう》（同県丹波篠山市《たんばささやまし》）の波多野秀治《はたのひではる》が突然反旗を翻《ひるがえ》し、これに敗れて光秀は坂本に逃げ帰った。そして翌月、再び丹波に出陣した。

当時、信長は周囲に敵を抱えて、配下の武将たちはいくつかの戦場を梯子《はしご》する八面六臂《はちめんろっぴ》の忙しさで、光秀も四月、丹波の敵を抱えながら、難敵の石山本願寺《いしやまほんがんじ》（大阪市）攻めに従軍した。そして五月、光秀は本願寺攻めの陣中で病を得て二十三日に京都に帰り、曲直瀬道三の治療を受けたと『兼見卿記《かねみきょうき》』にある。

心配した熙子は坂本から京都に出て、翌二十四日、吉田《よしだ》神社神主の吉田兼見を訪れて病気平癒の祈願を頼み、病床に伏《ふ》す光秀を看病した。二十六日には信長の使者が光秀を見舞う。『多聞院日記』には「晦日《みそか》、筒井順慶《つついじゅんけい》が坊舎衆七人に光秀の煩《わずら》い平癒の祈禱《きとう》を申し付けてきた」とある。

ただし六月に入って快方に向かったようで、光秀は十三日付けで丹波衆の小畠永明《こばたながあき》に宛てた手紙で、「具合は良くなってきたので、ご安心ください」といっている。七月にはかなり良くなって、坂本城に帰り、十二日には吉田兼見の見舞いをうけている。また『言継卿記』九月十九日の条として「九月、この頃、曲直瀬道三が光秀の病治療のため坂本に滞在する」とある。そして十月初め頃までに、やっと光秀は全快したようだ。

　ところが夫の看病疲れからであろう。今度は熙子が床に伏す。『兼見卿記』十月十日の条に「惟日女房衆」、つまり熙子が病気になったので平癒の祈禱を兼見に依頼してきたとある。兼見は御祓《おはら》いの道具や御守りを持参して熙子を見舞っている。その十四日後の二十四日、熙子の病が癒《い》えた礼にと、光秀は非在軒《ひざいけん》という者に銀一枚と折紙を兼見のもとに届けさせた。そして十一月二日の条に、兼見は熙子の見舞いのため、上洛していた光秀を宿所に訪れて面会している。

西教寺の熙子の墓（大津市）

　この十一月二日の時点で、熙子は元気になっていたはずである。
　ところが西教寺《さいきょうじ》（大津市坂本）に熙子の墓とされる五輪塔が現存する。その墓石に「福《ふく》月真祐大姉《げっしんゆうだいし》」の戒名と、「天正四年十一月七日」の没年が刻印されているという。もちろん「熙子」という俗名は刻まれていない。西教寺には熙子の位牌はなく、言い伝えで「福月真祐大姉」は「熙子」であるといわれてきた。

そしてごく最近、聖衆来迎寺《しょうじゅらいごうじ》(大津市比叡辻)で、天正九年(一五八一)八月に奉納された「仏涅槃図《ぶつねはんず》」の裏側に「福月真祐大姉」の名が、冥福を願う物故者の一人として記されているのが判明した。伝承どおり熙子の戒名が福月真祐大姉ならば、熙子は本能寺の変の前に死んでいたことを示す重要史料である。そうなれば、光秀の妻はただ一人であり、その妻は坂本城とともに滅んだとする『明智軍記』や宣教師フロイスの著書などと矛盾する。

『兼見卿記』の十一月二日の記述で、熙子は元気なことが確認されている。そのたった五日後に、熙子は本当に死んでしまったのであろうか。もし死んだのであれば、光秀と熙子の病状を克明に追い、夫婦の両方と親しい吉田兼見がその死を伝えないわけがない。しかしその記録はない。また他の一次史料にも、熙子の死を伝えるものはない。この観点から、熙子は死んでいないとの見方も有力である。そして熙子と伝えられる墓は光秀の母お牧の方ではないのか、または光秀と熙子のいずれかの姉妹ではないかと見る向きもある。

墓の謎

この西教寺は昭和三十年（一九五五）に建て替えられた時、本坊（庫裡《くり》）から「明智公所造古木」と刻まれた柱が発見され、光秀の陣屋の建物だったことが判明した。また梵《ぼん》鐘《しょう》は陣鐘《じんがね》（戦陣で合図のために使われる鐘）で、総門は坂本城の城門を移したものとされる。さらに戦死した部下一八人の霊を弔うため、供養米を一人につき一斗《と》二升《しょう》を寄進した光秀自筆の供養米寄進状が伝わる。西教寺は光秀が大檀越《だいだんおつ》（有力な後援者）となって大切にし、再興に協力した極めて重要な寺である。それだけに、西教寺にある熙子の墓の持つ意味は非常に重く、熙子の墓の謎もまた深い。

なぜ謎が深いのか。西教寺の墓だけであれば、何かの行き違いで、没年の誤りも考えられる。だが西教寺の墓と関係なく、先に紹介した『陰徳太平記』などの文献に、光秀は妻が死んだ際、夫が妻の葬列に参加しないという当時の慣例を無視し、あえて糟糠の妻に感謝するため、自ら望んで葬列に加わったとあるからだ。その事実は『名将言行録』にも「妻没せし時、昔しの髪《かみ》剪《き》《ママ》りし恩を報ぜんとて、自ら葬列の供をしたりとぞ」と、その逸話が採取されおり、太田南畝《おおたなんぽ》（蜀山人《しょくさんじん》）の『平日閑話』にも取り上げられている。

この熙子の死が事実で、光秀が葬列に参加したとの逸話が本当だとしたら、信長の部将として諸国に出陣し、坂本城にいる時間もままならない光秀に、果たしてそんな余裕があったのだろうか。信長はこの時期、光秀に出陣を要請した形跡はない。しかも失敗した丹波攻略に、光秀が丹波亀山城を築いて再挑戦するのは、翌年になってからである。煕子が死んだとされる十一月七日の前後、実は病み上がり後の養生のために、光秀は主に坂本城にいたとみられる。もし煕子が死んだのであれば、その最期を看取《みと》り、坂本城を出て西教寺まで約二・五キロの葬列に参加することは可能な時期であった。

しかし煕子の死が事実とするならば、その二年後の天正六年（一五七八）八月、坂本城から舟で湖水を渡り、勝龍寺《しょうりゅうじ》城（京都府長岡京《ながおかきょう》市）の細川忠興のもとに嫁入りした玉は、母煕子に見送られることもなく、寂しく輿入れしたことになる。だが玉の幸せな結婚からは母親の死は感じられない。玉は本能寺の変の直後、奥丹後半島の味土野《みどの》に幽閉されるが、その時、彼女は坂本城に死んだ母を想って泣き、忠興が側室を持ったと聞いた際は、「舅の藤孝も父光秀も側室を持たず正妻だけを愛したのに、なぜ」と怒りを露わにし、大坂屋敷に入るのを拒《こば》んだ経緯がある。

玉を通して煕子を見る時、煕子は天正四年に死んでいない。光秀の妻は坂本城落城と運命をともにしたとみるべきであろう。なぜなら、光秀が密かに側室をおいて寵愛した事実は確認されない。坂本城落城までの六年間、光秀に女の影がない。光秀の子どもたちはすべて熙子が産んだ。側室がいたとの伝承もいくつかあるが、いずれも信憑性に欠ける。

■「熙子」は本当の名なのか

ところで本書では、光秀の妻を便宜上「熙子」としてきたが、その名前が正しいかどうか分からない。実は熙子という名前は西教寺に伝承されたもので、それを書き記した文書の類《たぐい》は存在せず、口伝である。

三浦綾子《みうらあやこ》の小説『細川ガラシャ夫人』（主婦の友社）が昭和五十年（一九七五）に発売された中で、熙子の名は広まったが、三浦も西教寺に取材して、この名を知ったと自ら書いている。筆者の知る限り、光秀の名を熙子として紹介した初期の歴史書に明智滝朗《たきろう》著『光秀行状記』（中部経済新聞社）がある。初版は昭和四十一年（一九六六）で、『本能寺の変431年目の真実』などの著作で現在活躍中の明智憲三郎《けんざぶろう》氏の祖父であり、西教寺に取材してその名を初めて知ったことが同著で分かる。

実は筆者自身も毎日新聞日曜版に連載した『城と女』昭和六十二年（一九八七）一月二十二日付け「坂本城と明智光秀の妻」の取材で、当時の西教寺執事・前阪良憲《まえさかりょうけん》氏のほか、大津市教育委員会や地元公民館長などの多くの方々に会い、熙子の存在を知った。

現在、諸本に熙子の名や没年は、西教寺塔頭の實成坊《じつじようぼう》の過去帳にあると書かれているが、そのような話は聞かなかった。また最近、西教寺を訪れると、實成坊の過去帳の氏名が板看板に列記されているが、光秀や熙子の父広忠の戒名はあるものの、熙子の戒名は掲載されていないのはなぜなのだろうか。熙子は西教寺でも謎の人物といえなくもない。

よって光秀の妻が本当に熙子というのかどうか疑問も残る。研究書によれば光秀の妻の名は依然、不明とするものが多い。

ただ『絵本太閤記』のみが光秀の妻の名を「照子《てるこ》」としている。

余談めくが、歌舞伎の演目で光秀を扱ったものとして『時今也桔梗旗揚《ときはいまききようのはたあげ》』と『絵本太功記《たいこうき》』がある。そこでは光秀の妻の名を、前者は「皐月《さつき》」、後者では「操《みさお》」としている。皐月は光秀の「ときは今天が下しる五月哉」の「五月」を「皐月」と変えたもので、操は彼女の貞節から名付けられたものとされる。

その熙子の死んだ時期について、大いに疑問は残るが、結局、光秀に殉《じゅん》じて坂本城に死んだとする方が自然の成り行きと考える。

その事実を克明に語るのは『明智軍記』である。最近、一次史料でないものは排斥《はいせき》する傾向が強い。だが一次史料もまた都合の悪いことは隠し、嘘もつく。一方、軍記物は物語性が強く、フィクションと思われがちだが、史実に迫ろうと一生懸命に調べて書いたものも少なくない。

『明智軍記』もきちんと史実にあたり、書いているということが内容から容易に想像がつく。また『絵本太閤記』も古い文献を探し出して、落城を前にした熙子の勇気ある行動を描いている。

『明智軍記』は明智の妻が城主夫人としていかに毅然とした態度をとり、坂本城と運命をともにしたかを描写している。そこにフィクションが混在しているにしても、熙子の本来の姿を改竄《かいざん》するものではない。

束の間の天下

光秀は妻を天下人の御台所にしたかったのであろうか。天正十年六月二日未明、京都本能寺に織田信長を襲い、これを葬った。動機は遺恨《いこん》説に加え、領地替えへの不安説、天皇・公家の陰謀説、長宗我部元親《ちょうそかべもとちか》の信長の政策転換に対する怒り説、元将軍足利義昭の関与説などさまざまだが、その真相を語ることなく光秀は死んだ。ただ光秀も天下が欲しかったことは間違いないであろう。

光秀は一瞬、天下を手繰《たぐ》り寄せた。だが主君の仇を討つとの大義をかかげ、中国から大返しをしてきた同僚の羽柴秀吉との山崎合戦（京都府大山崎町・長岡京市）に敗れた。光秀は再起を期そうと、わずかな近臣と坂本城に戻る途中の六月十三日夜、小栗栖《おぐるす》で土民の竹槍に突かれて深手を負い、自害して果てた。『明智軍記』は光秀の享年を五五としている。

光秀の天下はわずか一一日間で潰《つい》えた。

坂本城にあって、秀吉との戦いに敗れた夫の安否を心配していた妻熙子のもとに、夜明け前に夫の悲報が届く。彼女は戦国を生きる武将の妻の習いとして、夫の死を常に心に留めて生きてきた。一時、茫然自失したであろうが、悲嘆にくれる暇はなかった。武将の妻としてなさねばならぬことがある。秀吉の軍勢が攻め寄せて来ることは自明の理であった。

時に熙子が最も頼りとしたのは、長女の聟・明智弥平次秀満（左馬助光春《さまのすけみつはる》とも）だった。長女はかつて荒木村重《あらきむらしげ》の嫡子・新五郎村次《しんごろうむらつぐ》に嫁いだ。村重が信長に背《そむ》いた際に、光秀のもとに送り返され、再婚して秀満の妻になっていた。

秀満は光秀の身内となって明智家を支えていた。秀満も熙子とほとんど同時刻に、安土城にあって光秀の死を知り、十四日未明に兵をまとめて坂本へ退却した。途中、秀吉に属した堀秀政《ほりひでまさ》に行く手を阻《はば》まれると、琵琶湖に馬を入れ、湖水を渡って坂本城に辿《たど》り着く。それは浅瀬を熟知していた心掛けによるもので、敵軍も「あっぱれ」と称賛した。

秀満の帰城を熙子や重臣たちが喜び、今後の対策を重臣たちで評議した。時に『絵本太閤記』はいう。

「光秀が妻室は妻木主計頭範賢《つまきかずえのかみのりかた》が姉照子、奥より立出で申《もうし》けるは、『当家の時運此体《このてい》に成《なり》果《はて》ぬる上は、兎角《とかく》の評定に及ぶまじく候。郎従《ろうじゅう》の面々を何方《いずかた》へも落《おと》しやり、城に火をかけ、旁《かたがた》をはじめ自《みずから》親子、自害いたし候《そうら》はんと兼《かね》て思ひ設《もう》け候。よしなき長詮議《ながせんぎ》は時刻を移し、敵に寄られ敗亡《はいぼう》せんは、未練の覚悟にも相聞《あいきこ》え、且《かつ》は家人の輩《ともがら》落行間《おちゆくひま》も有るまじければ、早々此旨《このむね》に決せられ然《しか》るべし』と申されければ、両将此《この》よしを承《うけたまわ》り、『実《げ》に至極の決断尤《もっとも》に覚え候。女性《にょしょう》の所存にて、かかる金言を承る事、誠に難有《ありがた》き次第に候』と、感涙《かんるい》を流しける」

光秀の妻熙子の迅速で的確な決断に重臣たちは感服し、彼女の威光に従ったのである。

秀満らは熙子の言葉に従い、敵の押し寄せる前に城を立ち退くように家臣らを説得する。だが家臣らはともに最後に戦って死ぬことを願った。その場にも熙子は姿を見せた。

『明智軍記』は「光秀が内室出《いで》て、何《いず》れにも対面有《あり》て、皆々忠節の志《こころざし》、報《ほう》じても猶尽し難しと、懇《ねんご》ろに謝し宛《つつ》、百余人下々《しもじも》の者共迄《まで》に、兵粮《ひようろう》并《ならび》に金銀を入れたる袋一宛《ひとつつみ》下し給《たま》はりければ、何《いず》れも是非なく之を賜り、思《おも》い々《おもい》に落行《おちゆ》けり」という。つまり彼女は家臣一人ひとりに対面し、これまでの忠節に報いようとしても到底できないと礼をいい、一〇〇人に余る下級の武士にまでも兵糧と金銀を与えたのである。その奥方の気持ちに感謝しつつ、家臣たちは未練を残しながら、坂本城を去ったのだった。

家臣たちが退去した翌十五日（『明智軍記』では十四日）、堀秀政軍が坂本城を囲んだ。この時、秀満は「寄せ手の人々に申し上げる。堀秀政殿にこれを渡されよ。この道具は私物化してはならない天下の道具である。ここで滅してしまえば、この弥平次（秀満）を傍若無人《ぼうじやくぶじん》と思うであろうから、お渡し申す」といって、光秀が所有する天下の名物である新身《あらみ》の国行《くにゆき》の刀、吉光《よしみつ》の脇差、虚堂《こどう》の墨書などを夜具にくるみ、これに目録を添えて、天守から降ろして敵に渡したと『川角太閤記《かわすみたいこうき》』はいう。この処置には秀満だけでなく、熙子の意向も反映されていたであろう。

天下の名物を一覧した秀政が、光秀秘蔵の倶利伽羅《くりから》の吉広江《よしひろえ》の脇差がないのに気づいて尋ねた。すると秀満は「お渡ししたくはあるが、こればかりは光秀が命もろともにと、内々に秘蔵されたものなので、わが腰に差し、光秀に死出の山でお渡ししたく存ずる」と答え、秀政も納得したのだった。

光秀の妻は夫亡き後、その悲報に接した日も加えて二日、見事な采配できっちりと後始末をしたのだ。そして城と運命をあくまでもともにすることを願った家臣七十余人と侍女十余人に最期の時が迫る。

最期の時

この時、津田（織田）信澄の妻、すなわち光秀夫妻の次女は、居城の近江大溝《おおみぞ》城から逃れて坂本城に戻っていた。夫信澄は山崎合戦前に、光秀の身内ということで大坂城で殺害されたからだ。彼女は秀満の妻となっていた長女とともに、母と一緒に死ぬことを決意していた。また嫡子光慶は愛宕百韻に参加した後、丹波亀山城にとどまり、次男の自然が坂本城にあった。

『明智軍記』は熙子の最期を描写する。

「敵勢方々《ほうぼう》より坂本を取囲《とりかこむ》の間、城中に相残《のこり》ける兵上下七拾余人、一防《ひとふせぎ》に手強く相戦て後、今は是迄《これまで》なりとて、日向守《ひゅうがのかみ》妻室四十八、乙寿丸八歳なりしが、静《しずか》に経読《きょうよみ》、念仏して、現世《げんせ》は即《すなわ》ち火宅《かたく》にせよとて、城の内外悉《ことごと》く火を懸《かけ》させ生害《しようがい》しければ、附々《つきつき》の侍女十余人も同《おなじ》く御供申さんとて、猛火の中へぞ入《い》りにける」

『明智軍記』は熙子の毅然として、かつ壮絶な最期をこのように描写している。文中にある八歳の息子乙寿丸は他の史料から確認できず、実在が確認できる次男の自然についでは、『豊鑑《とよかがみ》』に「(弥平次秀満が)光秀が子自然といふを具《ぐ》して(連れて)天主に昇《のぼり》ぬ。敵四方より近付《ちかづき》ぬれば、自然を差殺し、天主に火をかけ焼きあげ、腹切《はらきり》て失《うせ》ける」とある。

フロイスの『日本史』は「明智の武将は坂本城に立て籠もったが、そこには明智の婦女子や家族、親族がいた」とし、「(秀満は)最高の塔に立て籠もり、内部に入ったまま、彼らのすべての婦女子を殺害した後、塔に放火し、自らは切腹した」と書いている。

光秀の妻子たちの大方が坂本城で自決し、紅蓮《ぐれん》の炎は天守を包み込み、琵琶湖の湖水を赤く染めて明智一族は滅亡した。

ところで『寛政重修諸家譜』に、妻木広忠について気になる記述がある。

「天正十年明智光秀滅亡のとき、光秀が伯父たるにより、六月十八日近江国坂本西教寺にをいて自殺す。年六十九。法号宗眞《そうしん》」

文中で広忠を伯父といっているが、この広忠こそ熙子の実父である。この日、広忠が死んだことは、土岐市妻木にある妻木氏の菩提寺・崇禅寺《そうぜんじ》に残る位牌底部（上部は欠損）に「宗心逝去天正十丙午六月十八日」と墨書《ぼくしょ》されていることでも明らかである。坂本城で六月十五日にわが娘熙子と孫息子・孫娘たちが死んだ。広忠は山崎合戦の後、落ち武者狩り

西教寺の明智一族の墓。建立時期の記録はない

高さ一・八メートルもある光秀の大位牌。可児明智城大手口にある天龍寺に安置されている

ですぐには坂本城に戻れなかったのであろう。だが愛する娘や孫たちが死んだ三日後、西教寺を訪れたのである。

　そこでおそらく明智一族の墓、わが娘の墓をつくってくれるように頼み、その西教寺で皆の後を追って自ら腹を切った。そうであるならば、やはり熙子は天正四年に死んだのではなく、天正十年六月十五日に坂本城で自刃したことになる。

　西教寺の光秀一族の墓は、墓地ではなく、本堂に向かって前庭の左横に並んで建っている。自然石の供養塔には「秀岳宗光大禅定門《しゅうがくそうこうだいぜんじょうもん》　南無阿弥陀佛　天正十壬午《じんご》年六月十三日」と光秀の戒名が記され、隣りに光秀とその一族の墓がある。そしてその左隣り、二十五菩《ぼ》薩来迎《さつらいごう》群像を挟んで「南無阿弥陀佛三界万霊尊」と読める板碑の横に、一石五輪塔の熙子の墓がある。これらの墓群は、いつできたのか寺には記録がないという。

　広忠の西教寺での自害は、熙子の死が天正十年であることを強く感じさせる。それは筆者だけの想いであろうか。

第三章

御妻木《おつまき》

――〝本能寺〟の引き金となった光秀の妹

信長が重用した女

光秀に隠し玉ともいうべき、美貌《びぼう》にして才媛の妹がいた。たちまち信長の心を捉《とら》え、政治向きの仕事を任《まか》されて大いに活躍し、また信長の側室でもあったとされる。

信長と光秀は単なる主君と家臣という関係を超えて、女性を通じて不思議な縁で結ばれる。濃姫は、道三に嫁いだ明智氏の小見の方が産んだ娘だった。そして天下をめざす信長が信頼して用いた女もまた光秀の妹、つまり明智氏の女である。

織田家も明智家（妻木家を含む）も美男美女の家系である。信長も光秀も端整な顔立ちで、ほっそりとした体型だったことが、肖像画から分かる。

信長の妹お市《いち》の方（第五章で詳述）は戦国一の美女といわれ、お犬《いぬ》の方など他の姉妹も美人揃いだった。一方、光秀が若い時に愛した従兄妹《いとこ》の千草《ちぐさ》をはじめ、明智一族の女性に美人伝承が目立つ。その頂点にいるのが、前章で触れた光秀の妻煕子であろう。煕子は明智妻木氏の出だが、妹もまた美人で、光秀との縁談を控えた煕子が天然痘にかかった時、煕子の身代わりに妹を立てようとしたとの伝説まである。

美男美女の織田家と明智家、お互い惹《ひ》かれ合うものがあって、それが光秀の出世につながった。女性の側からの視点に立つと、光秀は連枝《れんし》（一族）衆と同じ立場にあったといえる。

濃姫とともに光秀の地位を押し上げた女性——光秀の妹を御妻木《おつまき》という。京都を中心に安土、坂本と活発に行動して、信長の期待に応《こた》えた。

この御妻木の面白いところは、戦国の女性はほとんどが二次史料の逸話や伝説めいた話が主体だが、彼女に限っては一次史料にしか姿を見せず、俗説の類《たぐい》が伝わらないことだ。

御妻木が文献に初めて現われるのは「戒和上昔今禄《かいわじようせきこんろく》」で、この記録は金沢藩五代藩主・前田綱紀《まえだつなのり》が収集し、明治になって『松雲公採集遺編類纂《しょううんこうさいしゅういへんるいさん》』としてまとめられた南都《なんと》興福寺《こうふくじ》関係の史料の中にあった。

関西学院大学教授・早島大祐《はやしまだいすけ》氏の研究論文（『「戒和上昔今禄」と織田政権の寺社訴訟制度』）、また著書『明智光秀』（NHK新書）に詳しい。それによると「戒和上昔今禄」は天正四年（一五七六）から翌五年にかけて、一乗院門跡《いちじょういんもんぜき》になった尊勢《そんせい》（公卿近衛前久《このえさきひさ》の息子）に戒を授《さず》ける役目の戒和上職を、興福寺と東大寺《とうだいじ》が争った裁判の記録で、その訴訟を受けて、御妻木が信長に代わり政治的な手腕をみせたというのだ。

もともと唐から渡来した鑑真《がんじん》和上が伝えた戒和上は、東大寺の戒壇院《かいだんいん》で行なわれてきたが、文安《ぶんあん》三年（一四四六）に火災がきっかけで、その役割が興福寺に移っていた。ところが戒和上の職にあった興福寺の長老が死んだため、東大寺がこれを取り戻そうとして、史料を添えて訴え出て相論《そうろん》（紛争のこと。特に土地に関する訴訟）となった。興福寺側は史料も整わないまま、信長と親しい近衛前久を頼みに巻き返しを図り、御妻木が織田政権を代表して調停に乗り出した。

当時、信長は寺社の訴訟には消極的だったが、寺社側は信長のお墨付きが欲しくて必死だった。その間を御妻木がとりなし、信長の意向を汲《く》んで、「有姿《ゆうし》のままにせよ」との信長らしい現実主義を体現した裁定を下した。〝有姿〟とは、いまでも法令用語で使われる「そのままの姿」、つまり「現状のまま」という意味である。

公家や寺社が過去のことを持ち出して訴えても混乱するばかりで、武士の押領《おうりよう》が公然と行なわれた当時、現状を追認する方が信長にとっては理に適《かな》い、あとくされがなかった。だから東大寺にどんな歴史的事実があろうが、近年、その任にあった興福寺に戒和上の職を継続させたのだ。

ただこの結論に達するまで、両者の運動は執拗だった。信長が当時、京都の宿泊先にしていた二条屋敷のそばに御妻木の住まいもあり、近くに光秀の屋敷もあった。両者の陳情を受けた御妻木は、近畿管領《かんれい》（畿内方面司令官）をつとめ、行政能力にも長《た》けていた兄光秀と頻繁《ひんぱん》に相談し、時に信長がいる安土城に出向き、光秀が坂本城に戻っている時は坂本に行き、相論の方向を見極めて信長の判断を待った。

そして裁定が下ると、今度は光秀が出張って興福寺と東大寺を呼び、興福寺の勝訴を伝え、相論を終止させた。東大寺と興福寺の相論は、信長の意向を汲んだ光秀と御妻木兄妹の連携により解決したのである。

実妹なのか、義妹なのか

御妻木は主に京都に住んで、天皇・公家、寺社の諸々の事案にかかわり、政治的な解決に奔走したと思われる。

そんな中で、『兼見卿記』の天正六年（一五七八）六月十四日の条の記事が目を引く。この日は祇園会《ぎおんえ》（祇園祭）で、『信長公記』によれば「祇園会、信長が御見物。『御馬廻《おうままわ》り・御小姓衆《おこしょうしゅう》、いずれも弓・鎗・長刀の所持は無用』との御命令に、武器類は所持しなかった」とある。

この祇園会を御妻木も信長と楽しんだことが『兼見卿記』から分かる。吉田兼見は御妻木の住まいに使者を遣《つか》わし、台の物（大きな台に載せた料理や進物《しんもつ》）、肴《さかな》いろいろ、双瓶《そうびん》

（一対の酒徳利）を届けさせて、ご機嫌を伺っている。

この日、信長は朝、祇園会を見物した後、御伴衆を帰し、一〇人ほどの御小姓衆と鷹野《たかの》（鷹狩り）に出かけた。

御妻木は鷹狩りに向かう信長と別れて、一足早く屋敷に帰り、兼見から贈られた心尽くしの進物を目にした。さっそく侍女や家中の者たちと食し、祇園会の余韻にひたったであろう。兼見は信長と親しかっただけでなく、京都奉行の任に長くあった光秀とも昵懇《じっこん》であった。当然ながら妹の御妻木との交流も生まれていたであろう。

兼見は御妻木にいろいろ気を使い、その七カ月後の天正七年（一五七九）一月十七、十八日の条では、光秀に会うため坂本城を訪れ、夕食をともにするなど丁寧な接待を受けた。この時、兼見は進物として一〇〇疋《ぴき》を持参した。翌日は在京していた御妻木を訪ねて、彼女にも光秀の半分の五〇疋を進呈している。さらに八カ月後の九月二十五日にも兼見は御妻木宅に双瓶と食籠《じきろう》（食物を入れた容器）を持参してご機嫌伺いをしている。

また公家の山科言経《やましなときつね》の日記『言経卿記』の同年五月二日の条には、信長が上洛したので会いに行ったが、顔に腫物《はれもの》ができたとのことで対面はかなわず、帯・生衣《きぬの》（織ったままの布）を三筋贈り、また「女房衆のツマキ等《ら》」に帯二筋を進呈したと記している。

この兼見や言経の行為はほんの一例に過ぎず、御妻木に取り入って信長に接近しようと、多くの公家や寺社から彼女のもとに、日常茶飯事で数々の進物が届けられていたことが想像できる。それほど御妻木は信長の側近として力を持っていたことが窺われる。

ところで御妻木は光秀の妹とあるだけで、その姿は必ずしも明らかではない。光秀の姉妹については家臣斎藤利三《さいとうとしみつ》の母が光秀の妹との説があるぐらいで、よく分からない。

妻木城の麓の館跡に残る石垣

御妻木は「戒和上昔今禄」に「御ツマ木殿」、『兼見卿記』は「妻木」、『言経卿記』は「ツマキ」、『多聞院日記』には「御ツマキ」と表記されている。

このことから御妻木は光秀の実妹ではなく、妻木氏が実家の妻熙子の妹、つまり光秀の義妹と見るのが自然であろう。

そうすると諸説ある中で、おそらく熙子が信長の一つ年下の可能性が高いことから、御妻木は信長より三、四歳年下とみるのが妥当といえる。

しかも御妻木が一次史料に現われるのは天正になってからで、天正元年（一五七三）までに死んだ可能性が極めて高い濃姫に代わって、信長の室になったことになる。信長は濃姫の面影を御妻木に見ていたかもしれない。

注目されるのは、歴史学者の勝俣鎮夫《かつまたしずお》氏（東京大学名誉教授）が御妻木の信長側室説を提唱し、おおむねこの説が研究者の間で受け入れられていることだ。

信長の側室については、子どもを産んだ女性のみが伝わっており、産まなかった女性は記録に一切出てこない。御妻木は京都にいて、信長が上洛して二条屋敷に入った際、側室としても仕えていたことは十分考えられる。だが御妻木に子どもができなかったために、今日、信長の側室として伝わってこなかったのであろう。

御妻木の死と光秀の落胆

ところで、信長の推挙で天正三年（一五七五）に光秀は惟任《これとう》を名乗り、日向守《ひゅうがのかみ》に任官する。御妻木が一次史料に現われた同五年以降、光秀は織田家宿老への道を猛スピードで駆け上がる。

光秀は天正五年、丹波亀山城を築いて丹波での進撃基地を造ると、かつて痛い目に遭《あ》った波多野氏方の城一一カ所を攻め落とす。波多野秀治を主城・八上城に閉じ込めて兵糧攻めにし、同七年六月には秀治兄弟三人を降伏させた。八月には奥丹波の赤井（荻野）悪右衛門直正を黒井城に降《くだ》すと、丹後にも兵を入れて丹波・丹後を平定した。信長は「永々、丹波に在国し、粉骨《ふんこつ》による度々の高名、名誉は比類ない」（『信長公記』）との感状を与えて、天正八年八月、丹波を光秀に預け、また一緒に戦った細川藤孝に丹後の経営を任せた。

前章で触れたが、光秀は天正九年（一五八一）二月二十八日の正親町天皇を迎えての京都馬揃えで、信長から運営を任された。まさに御妻木の活躍と並行し、光秀は得意の時代を迎えたのである。

そして同年六月二日には「家中軍法《かちゆうぐんぽう》」を制定した。条文では兵に対してこと細かく下知《げ じ》（命令）をあたえて厳守させるなど、戦時における行動を規定している。

この家中軍法の最後で、光秀は自分を「瓦礫沈淪《がれきちんりん》の輩《やから》」といっている。つまり「取るに足らず、落ちぶれた境遇だった輩（自分）を信長様に召し出していただき、しかも莫大《ばくだい》な人数の兵を任された」と感謝を述べ、そのために法度《はつと》の乱れは許されないとしている。家中軍法は信長の恩に報い、一層精進《しようじん》しなければいけないとの思いから制定された一面がこの文言から浮かび上がる。

　だがこの時からわずか二カ月後、光秀の運命は暗転する。

『多聞院日記』の天正九年八月二十一日の条に「去ル七日・八日ノ比歟《ころか》、惟任ノ妹ノ御ツマキ死了《しにおわんぬ》、信長一段ノキヨシ也《なり》、向州無比類力落也《こうしゅうひるいなくちからおとすなり》」とあるのだ。どういうことか。

　近畿管領だった光秀は、八月十九日に郡山《こおりやま》城の普請《ふしん》見舞いのために大和《やまと》に入り、二十一日のこの日、京に戻る。「今暁《こんぎょう》惟任帰られる、別に何事もなく、めでたし、めでたし」と『多聞日記』の作者である興福寺多聞院主の英俊《えいしゅん》は胸を撫でおろす。

　だがこの記述のすぐ後で「御ツマキ」が七、八日頃に亡くなったことを記している。二週ほど前の出来事である。そして彼女は信長の一段の「キヨシ」だった。「キヨシ」とは「気好《きよ》し」のこととされ、信長に格別に寵愛されていたという意味だそうで、この表現から信長のお気に入りの側室だったといわれるようになった。その信長寵愛の妹を失った光秀の落胆は尋常ではなく、英俊も同情を禁じえなかったのであろう、短いながら感情のこもった文章になっている。

本能寺の変の「引き金」となる

御妻木の死が、本能寺の変の引き金になったとの見方が強い。

信長と光秀の間をしっかりと結んでいた御妻木という信頼に満ちた糸が、プツンと切れてしまった。

この少し前あたりから、信長は成長してきたわが息子、また娘聟を重視し、さらに若い側近を優遇するようになる。天下取りの駒となって働き、大禄を与えてきた股肱《ここう》の臣《しん》たちを追放、または遠隔地に追いやろうとしていた。たとえば信長の御意見番とされた最古老の佐久間信盛《さくまのぶもり》に罪を着せて追放し、新進気鋭で勇猛な若い盛政《もりまさ》（信盛にとっては従兄弟の息子）を加賀の初代金沢城主に据《す》えて、佐久間家の世代交代を図ったのが良い例である。

その次のターゲットは京都、近江、大和、丹波の諸国を支配する光秀だった。京都近辺を自分の息子や若い近習でかためる方向に向かう信長を阻《はば》んでいたのは、御妻木ともいえた。その彼女が死んで、しがらみがなくなった光秀に領地替えの話を持ち出す。光秀が所領していた地を召し上げ、毛利《もうり》氏から領地を切り取って、山陰地方を与えようとの構想を立てた。

さらに光秀は天正六年から、四国の長宗我部氏と信長を結ぶ取次役だった。長宗我部氏と光秀は信頼関係を築いてきた。光秀の腹心・斎藤利三の兄頼辰《よりとき》は幕府奉公衆・石谷光政《いしがいみつまさ》の養子になっており、光政の娘は長宗我部元親の妻になっていた。また利三の妹聟は土佐に下向していた蜷川親長《にながわちかなが》（幕府政所《まんどころ》執事）で、元親の諸々の相談役だった。こうした血縁関係のもと、光秀は信長と長宗我部氏の橋渡しをしてきたのだ。

信長もこの方針に異存がなかった。だが突然、信長は光秀を無視して四国政策を方針転換する。三男信孝を三好康長《みよしやすなが》の養子として、讃岐《さぬき》を信孝に与え、阿波《あわ》を康長に任せ、残る伊予《いよ》・土佐は信長自身が淡路《あわじ》に出馬した際に決めることにした。光秀の立つ瀬はなくなった。

また御妻木が死んでから、光秀には信長に対するさまざまな怨恨《えんこん》が生まれた。

慶長《けいちょう》七年（一六〇二）に書かれた『祖父物語《そふものがたり》』（別名・朝日物語）は、天正十年三月に信長が武田氏討伐のため信州・甲州に出陣した際、信州諏訪《すわ》郡の法華寺《ほっけじ》（長野県諏訪市）に滞在したが、その折、光秀が皆の面前で信長に辱《はずかし》められたことを記す。

光秀は「さてもかようなる目出《めで》たき事はございませぬ。我等も年来骨を折った故《ゆえ》、諏訪郡の内は皆信長様の御人数になりました」と申した。すると信長の気色《けしき》が変わり、「汝は何方《いずかた》にて骨折り、武辺《ぶへん》を働いたのだ。我こそ日ごろ粉骨をつくしたのだ。憎き奴《やつ》なり」

と、懸け造りの欄干《らんかん》に光秀の頭を押し付け扣《たた》いた。光秀は諸人の中で恥をかき、無念千万の様子を露《あら》わにした。

この『祖父物語』の内容がどれだけの真実を伝えているかは定かではないが、名誉を皆の前で汚されて、信長憎しの感情が一気に湧《わ》き上がったとしても無理はない。

また元和《げんな》八年（一六二二）前後に成立した『川角太閤記』は、このようにいう。信長が武田氏を滅ぼし、徳川家康は駿河国を与えられたお礼に安土城に参上した。その宿泊・接待役に光秀が指名された。光秀は山海の珍味を怠《おこた》りなく用意したが、夏のことで生魚の臭いがした。準備を視察した信長は立腹し、接待役を罷免《ひめん》した。光秀は面目を失ったとして、用意した食器の類もろともに、取り肴（各自が取り分けられるよう折敷《おしき》に盛って出す肴）などを堀に投げ捨て、その悪《あ》しき臭いが安土中へ吹き散らかったという。この事件があって、急遽《きゅうきょ》、光秀は羽柴秀吉が攻めている備中《びっちゅう》への応援に向かうよう命令されたという。

『川角太閤記』は、信州諏訪で折檻《せっかん》された少し前の三月三日の節句にも、岐阜の大名高家《こうけ》の前で光秀が面目を失わされる次第があったとする。そしてこの二点に加え、家康接待へ の怒りと抱き合わせで信長が下した西国出陣の急な命令により、光秀はわが身に大事が起こることを感じ取ったとする。

実際は備中への応援は、この家康饗応《きようおう》事件の前から決まっており、これは虚構との見方が強いが、恥辱説は他の諸本でもさまざまに伝えられている。

高柳光寿氏はその著『明智光秀』で、「信長は寛容の風が少なく、過失に対しては冷酷と思われるまで厳格であり、ひとたび信任したものでも都合によってはこれを疎《うと》んじた」と述べている。光秀への待遇は御妻木の死によって、まさに高柳氏が指摘するように、急激に変化したのである。

そして『川角太閤記』に、なるほどとさせられる記述がある。数々の遺恨は「もしかしたら目出たいことかもしれない」と光秀は思うのだ。なぜなら「世間有為転変《ういてんぺん》の習ひ、一度はさかへ、一度は衰えるとは、よくこそ伝へたり。老後のおもひ出に、一夜《ひとや》たりとも天下の思ひ出をすべきと、此《こ》の程《ほど》、光秀は思ひ切り候」と述べるのである。つまり光秀は信長から虐待《ぎやくたい》を受けるうちに、自分が天下をねらう男になってもいいのではないか、と思うようになったのである。

かくて御妻木の死から一〇カ月後、光秀は本能寺に信長を襲撃する。『信長公記』によれば、信長は兵が光秀の手の者と知ると、「是非《ぜひ》に及ばず」と覚悟し、はじめは弓を取って戦ったが、肘《ひじ》に槍傷を負って退《しりぞ》き、御殿に火を放って炎の中に消えたという。

ところで、信長が相手は光秀と聞いて納得するように発した、「是非に及ばず」という最後の一言が印象的である。「どうすることもできない」と観念して出たこの短い言葉に、天下統一を前に栄光が幻に終わる悔しさ・無念さが読み取れる。そして自分に向けられた光秀の怒りを十分理解しながら、「光秀よ、お前もまた天下が欲しかったか」との野望を見抜いた一言でもあったといえよう。

信長は猛火に包まれる部屋で切腹するが、その最期に御妻木を炎の中に思い描いた瞬間がおそらくあったであろう。享年四九、信長の生涯は〝下天《げてん》の夢〟と消えた。

第四章

お鍋《なべ》の方

——信長の霊を弔う、もう一人の妻

妻としての宣言

「格別に折紙にて申します。この崇福寺《そうふくじ》、信長様の位牌所でございますので、いずれの誰もが違乱《いらん》することを御断り申します。そのために一筆申します。かしく

天正拾年六月六日　なべ（黒印）

崇福寺参る」

信長の絶対なる妻の自信をもって、お鍋《なべ》の方は岐阜の崇福寺に入るとそう宣言した。襲ってくるに違いない明智光秀方に対し、毅然《きぜん》とした態度を表明したのである。

お鍋の方は信長の死を安土城で聞く。訃報は本能寺の変当日、六月二日の正午前には届いていたであろう。『惟任謀反記』が「宿直《とのい》の番衆を始め、前夫人・後夫人・北の方、西の対《たい》・東南の局《つぼね》々《つぼね》の　妾《おもいびと》・古後達《ふるごたち》（老女のこと）・奴婢雑人《ぬひぞうにん》に至るまで、歩跣《かちはだし》にて散々に逃げ走る」と描くように、城は大混乱に陥った。

二〇キロ離れた日野城《ひのじょう》（滋賀県日野町）から、信長の次女冬姫《ふゆひめ》を妻とする蒲生氏郷《うじさと》とその父賢秀が、信長の夫人たちや子どもたちを救助しようと牛馬・人足を集めて到着した。お鍋の方は陣頭指揮して婦女子らをまとめ、蒲生父子に協力して日野城に全員無事に避難

を終える。

お鍋の方は息つく暇もなく、信長の嫡子で本能寺の変に殉じた信忠の居城・岐阜城に向かい、信長の遺品を整理して、ただちに長良川を越えた崇福寺に移って住まいした。

妙心寺《みょうしんじ》派の崇福寺の創建はよく分からないが、明徳《めいとく》元年（一三九〇）に大檀越・土岐《とき》蔵人満康《くらんどみつやす》が建立したようだ。織田信長の時代、永禄十年（一五六七）八月、信長は美濃に入るや、「当寺並びに門前において、前々からの規定を守れ。みだりに竹木を伐採したり、陣取りをしたり、乱暴狼藉《ろうぜき》をする輩《やから》があれば、成敗《せいばい》を加える」との禁制を発して崇福寺を保護した。さらに天正三年（一五七五）十一月、家督を信長から譲られ岐阜城主になった嫡子信忠は、亡き母吉乃《きつの》の位牌を尾張小折《こおり》から移して菩提所とした。崇福寺では吉乃の法号を久庵慶珠《きゅうあんけいしゅ》（元は久庵桂昌《けいしょう》）という。

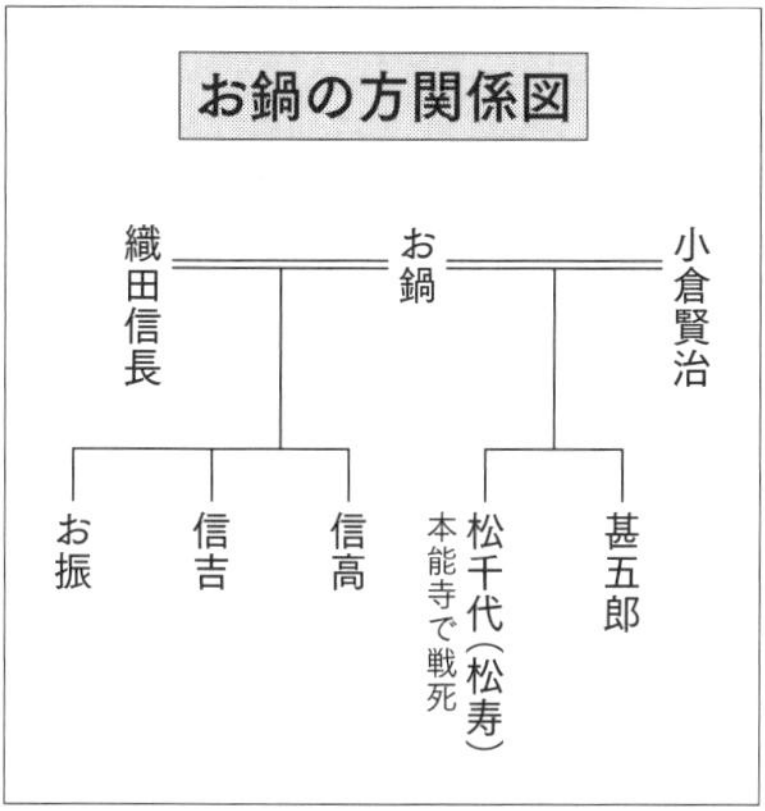

　この崇福寺をお鍋の方は信長・信忠父子の位牌所に定め、御霊屋《おたまや》（霊廟《れいびょう》）と墓の建立を決める。信長

の菩提を弔《とむら》うことがお鍋の方の日々の務めとなった。

前述したが、夫を亡くした夫人が夫の墓所を定め、菩提を弔うのは戦国武将の正室がなすべき最も重要な役目だった。この役割をお鍋の方が担《にな》ったということは、濃姫は安土城におらず、正室に準ずる妻はお鍋の方以外にはいなかったのだ。それは「崇福寺を位牌所にする」と宣言した黒印状で明らかである。『惟任謀反記』にある「北の方」はお鍋の方を指していると思われる。

お鍋の方は崇福寺にあって明智方の襲撃を恐れたが、光秀の天下はわずか一一日で終わった。羽柴秀吉が山崎合戦で光秀を破って以降、頭角を現わすとともに織田家内に亀裂が生じた。清須会議で岐阜は信長の三男信孝が治める地となったが、台頭する秀吉と信孝・柴田勝家《しばたかついえ》連合の対立が深刻化してくる。

そんな中でお鍋の方は秀吉と信孝との間で中立を保っていたと思われる。

なぜなら、秀吉が京都大徳寺《だいとくじ》で天正十年（一五八二）十月十五日に挙行した豪壮な信長の葬儀の際に用いた信長と信忠の野辺《のべ》位牌を、お鍋の方は秀吉からもらっているからだ。彼女が葬儀に列席したかどうかは不明だが、京都に出て、高さ四〇センチほどのその位牌を持ち帰った。野辺位牌とは板に紙を貼りつけた粗末な位牌のことである。

お鍋の方は二つの位牌を位牌堂（御霊屋）に祀《まつ》り、その隣りに岐阜城にあった信長と信忠の遺品を遺骨代わりにして二人の墓を築く。墓は、もとは高さ一メートルほどの土饅頭《どまんじゅう》で、墓碑はその前にあったが、明治十三年（一八八〇）に改修された。土饅頭は取り払われ、以前からあった高さ一・三九メートルの信長・信忠の戒名を連記した位牌形の石碑だけになった。

お鍋の方が崇福寺に建立した信長・信忠の御霊屋

　そしてお鍋の方は崇福寺を守ろうとした。なぜなら信孝と秀吉の対立が深まり、秀吉が軍勢を岐阜に入れたからだ。

　秀吉方の武将で、お鍋の方もよく知る丹羽《にわ》長秀《ながひで》が十二月に陣を敷くと、長秀に手紙を送る。

「一筆申し上げます。こなたへ来られたよし、嬉しくございます。長良に陣取りのよし、そのうちの崇福寺御寺にて、親子（信長と信忠）の忌中をさせています。寺・大門ともに、我が身が申しつけて、制札をたてました。人数一人たりとも入らぬよう御仰せつけられるよう願います。かしく。
返々《かえすがえす》頼み入ります。見参の時に申します。かしく。
丹羽五郎左衛門殿　　　　　　　　　　　なべ（黒印）」
お鍋の方はこうして、信長・信忠の寺を必死に守り抜いた。

信長との出会い

お鍋の方は近江の小城主・高畠新二郎《たかばたけしんじろう》（源兵衛《げんべえ》）の娘に生まれた。豊臣秀次《ひでつぐ》が居城した八幡山《はちまんやま》の西南五キロ足らず、日野川が琵琶湖に注ぐ地に敷地わずか一六〇〇平方メートルと小さいながら、堀と土塁に囲まれた小田《おだ》城（滋賀県近江八幡市小田町）があった。ここが、お鍋の方の誕生地である。

高畠氏は湖東（琵琶湖東部地方）の土豪・小倉《こくら》氏の分家で、お鍋の方は本家の小倉右近《うこんの》大夫賢治《たいふかたはる》（従来、実澄《さねずみ》また実秀《さねひで》と呼ばれてきたのは誤り）に嫁ぎ、山上《やまがみ》城（同県東近江市山上町）の城主夫人になった。ところで名字の「小倉」だが、普通「おぐら」と読むが地元の研究では「こくら」と読ませていたといわれる。だが、「小椋」の文字も用いられて、「おぐら」と一般には発音されるようになったとする。

この小倉氏の山上城は、小田城から東に二五キロほどの距離に位置し、鈴鹿《すずか》山脈の山峡を流れる愛知川《えちがわ》の河岸高台にあり、近くには近江守護の六角《ろっかく》（佐々木）氏頼《うじより》が創建し、最盛時には二〇〇〇人の僧を擁した大寺・永源寺《えいげんじ》の伽藍《がらん》があった。

当時、山上城は近江商人が伊勢へ抜ける道として頻繁に行き来した、八風《はっぷう》街道と千種《ちくさ》街道の両道を監視する要衝の城として機能していた。小倉氏はこの両道を押さえることで土豪としての地位を確立し、武士化して宿場をはじめ付近一帯を掌握していたのだ。

戦国期、付近一帯は永源寺が象徴するように六角氏の勢力圏だったが、西から浅井氏が力を伸ばして、六角と浅井の勢力がぶつかる草刈り場となった。小倉氏は分家が二十数家あり、両勢力のはざまで、どちらに味方するかで割れ、骨肉の争いが深刻化する。

ところで、お鍋の方の簡単な伝記『小倉婦人記事』（『近江愛智郡志』に原文）が、土佐高知の山内家に仕えた小倉家、つまりお鍋の方が迎えた養子の子孫の家に伝わる。お鍋の方没後一二九年後の元文《げんぶん》六年（一七四一）に書かれたもので、「小倉婦人は小名鍋《しょうみょう》、男子二人を生む。兄甚五郎《じんごろう》、弟松千代《まつちよ》」とある。不安定な情勢の真っ只中でお鍋の方は息子二人を産んだのだ。

だが悲劇は永禄七年（一五六四）に起きた。お鍋の方の夫賢治は、数年前から浅井氏との関係を深め、六角氏との結びつきを清算しようとした。当時はまだ荘園の名残《なご》りがあり、比叡山の領地があった。その年貢を六角氏が肩代わりして徴収していたが、六角氏と決別するため、賢治はこの年貢を横領して、比叡山に納めなかった。

このため六角氏は配下の蒲生賢秀を差し向けた。小倉宗家《そうけ》は毅然とした態度をとるが、分家に六角方に味方する者も少なくなく、小倉家は分裂して戦いとなった。宗家の賢治が六角方に辛勝《しんしょう》するが、戦闘中に本家方の放火によって永源寺は焼失した。

六角方は武力を増強し、小倉宗家を再び攻め、宗家は敗退する。賢治は翌八年五月、出城の八王寺《はちおうじ》（八尾《やつお》とも）城で切腹させられた。お鍋の方は夫賢治を失ったばかりか、二人の息子は人質として蒲生氏の日野城に連れ去られた。

『小倉婦人記事』によれば、奔播狼狽《ほんばんろうばい》（半狂乱になること）するお鍋の方を見かねて賢治の近親者である奥加右衛門政景《おくかえもんまさかげ》、図師越後《ずしえちご》ら五人が評議し、信長に救いを求めることとなる。

なぜ信長なのか――信長には小倉家に恩義があったからだ。それは信長二六歳の永禄二年（一五五九）、桶狭間で勝利する前年のこと、尾張統一を目前にして自分が尾張の統治者であることを天下にアピールするため、将軍・足利義輝に謁見《えつけん》する。この時、清須城から美濃を通る中山道《なかせんどう》は、敵地を通過しなければならず危険だった。そこで伊勢から八風峠を越える脇街道を選んだ。この時、信長は小倉賢治の協力を得て京に入ったのだ。

しかも京都に斎藤義龍が六人の暗殺団を送り込んだ。両者は京中で鉢合わせし、信長は「若輩《じゃくはい》のお前らにこの俺が討てるか」と怒鳴って太刀を抜いて斬《き》り懸かり、逆に暗殺団を退散させた。それだけに帰路は堅固な者たちを増やし、賢治は無事に信長を安全な伊勢まで送り届けた。信長は以後、小倉家と友誼《ゆうぎ》を結び、小倉家はさらに信長を助けた。

六角氏が賢治を攻めた背景に、年貢のことだけでなく、小倉宗家が信長に与《くみ》し密謀《みつぼう》を図ろうとしていると疑ったからだといわれる。

藁《わら》にもすがりたいお鍋の方だったが、一方の信長は清須から小牧山に居城を移し、美濃攻略に多忙で、信長との繫《つな》ぎをとる機会はなかなか訪れなかった。だが永禄十年（一五六七）九月、美濃を制圧した信長が岐阜に移ったことで展望が開けた。

一日千秋《いちじつせんしゅう》の想いでこの日を待ちわびたお鍋の方は、図師越後に伴われて岐阜城を訪れた。もちろん信長との対面はすぐにかなった。

越後は小倉賢治が六角氏に殺された上、二人の息子は人質に取られたままであり、こうした六角氏の怒りを買った原因の一つに、信長と誼《よしみ》を通じたことがあると、当然ながら話した。

信長は小倉賢治の死を聞いて驚くとともに、「吾《われ》への忠節がそなたを不幸にしたとは……」と絶句し、悲しみに沈むお鍋の方に詫《わ》びた。

時に信長はこの前年に吉乃を失ったばかりだった。お鍋の方を見ていると、吉乃への恋《れん》慕《ぼ》の情がつのった。憂《うれ》いに満ちた美しいお鍋の方の顔が、吉乃のはかなげな表情と二重写しになる。信長は残酷な性格の一方で、弱い人間にやさしかった。しかも美しい女性であればなおさらであり、自分のために夫を失ったとあれば、放っておくことができなかった。

その想いはいとしさとなり、愛へと昇華《しょうか》させるのに時間はかからなかった。

「そなたの息子たちはきっと助け出す」と信長は約束し、お鍋の方を帰さず、城に留まるように命じた。

三人の妻

信長が生涯で大切にした〝妻〟は濃姫、吉乃、お鍋の方の三人である。もし濃姫が再婚であるならば、三人とも一度結婚した後、信長の妻になったことになる。信長の母土田御前は弟信勝（信行とも）を愛して、信長を疎《うと》んじた。信勝はこれをよいことに謀反を繰り返し、信長はついに信勝を謀殺した。母の愛を受けられなかった信長は、一度夫を失った女にそこはかとない母性を感じ、三人に心の癒しを求めたのであろうか。

信長はお鍋の方に自分が息子を救出すると約束し、また誠実に接して、自らの妾ではなく正妻と同等の地位を与える。彼女は和歌も詠み、また『言経卿記』によれば、公家の白《しら》川雅朝《かわまさとも》の室を介して、山科言経に『平家物語』の書写を依頼するなど、教養人でもあった。

信長が、お鍋の方が渇望した息子二人を救出するのは永禄十一年（一五六八）九月である。足利義昭を戴《いただ》き六万の兵を率いて上洛する途上、六角承禎《よしかた》父子を攻めて観音寺《かんのんじ》城を落とした。お鍋の方の息子がいる日野城の蒲生賢秀は、観音寺城の陥落後も日野城に籠城したが、柴田勝家らが攻めて和睦が成立。ここにお鍋の方の息子・甚五郎と松千代は解放されたのである。

お鍋の方は三年ぶりにわが子をその腕《かいな》に抱く。その感謝を、信長に一層の誠意を尽くすことで返そうとした。また信長の側近に取り立てられた二人の息子には、「信長様の恩は一生忘れてはならぬ。命を懸けてお仕えせよ」と命じた。

『信長公記』は、本能寺御殿内で討ち死にした森蘭丸《もりらんまる》ら家臣二六人のうちの一人に、小倉松寿《まつじゅ》の名を挙げている。この松寿はお鍋の方の下の息子・松千代が信長の小姓衆となって改変した名である。松寿は町の宿で敵襲を知り、敵に紛《まぎ》れて本能寺に駆け込み、討ち死にした。『信長公記』がとくに松寿の最期に触れるのは、この青年の忠死が市中で賞賛されていたからであろう。

お鍋の方はその死を悲しむとともに、信長に殉じた勇気をうれしく思ったに違いない。

神社の柱は切られたのか

信長は天下統一の拠点にするために、天正四年(一五七六)から丸三年をかけて安土城を築いた。比高差約一〇〇メートルの安土山に、麓から段々に曲輪《くるわ》を配置し、山上に黄金をふんだんに使った五層七階の豪壮華麗な天主《てんしゅ》を建設した。その天主に信長は住んだ。お鍋の方もまた天主に住まいし、すっかり信長夫人としての貫禄もついて、奥向きを差配した。お鍋の方は信長に進言すべきことはきちんと進言した。なお、お鍋の方が生まれた小田城は安土城から西へわずか一一キロと近い距離にあった。もしかしたら信長は、お鍋の方と馬を飛ばして訪れたことがあったかもしれない。その実家からわずか三〇〇メートルのところに小田《おだ》神社があった。

小田神社は垂仁《すいにん》天皇の時代に、皇女倭姫命《やまとひめのみこと》が近江巡幸の際、天照大神《あまてらすおおみかみ》に米を献供《けんく》するために神田《しんでん》を開いた地とされ、社名は御田《おた》から起こったとされる。この神社の檜皮葺《ひわだぶき》の楼門は現在、国の重要文化財になっており、信長が参詣した時も同じ威容を誇っていた。寺社の門といえば、どこも低く、下馬しなければ通れなかった。しかし小田神社の楼門は高く、馬に乗ったままくぐることができた。これを気に入った信長は安土城に移すといい出した。

信長が安土城に移そうとした小田神社の楼門（滋賀県近江八幡市）

お鍋の方は真っ青になった。これを聞いた村人も氏神様の一大事と騒ぎ出した。お鍋の方は信長に思いとどまるように説得する。だが信長は「うん」とはいわなかった。この危機に知恵をつけたのはお鍋の方か、氏子たちかは分からないが、楼門の移転を阻むため、柱を約一メートル切って低くしたのである。一方のお鍋の方は村人の篤《あつ》い敬神の志を信長に説き、楼門移転をあきらめさせるとともに、村人を罰しないように願った。信長もお鍋の方の説得に折れて、移転をやめ、村人も罰しなかったのである。

そして時が流れ、昭和十六年（一九四一）と翌年の楼門大修理で、驚くべき事実が判明した。実は楼門の柱は切られていなかった。柱の礎石《そせき》が一メートル下から発見されたのである。村人は楼門の周囲を一メートルの高さに土を盛ってかさ上げし、楼門を守っていたのである。これには信長も気づかず、お鍋の方や村人の知恵を尽しての勝利となったのだ。

接近する秀吉

お鍋の方は天正元年（一五七三）に信長の子を産んだ。男の子で、『織田家雑録』に「幼字を酌《しやく》という、是《これ》は鍋には、酌子《しやくし》（杓子）が添うものなりとて、酌と名付け玉《たま》う」とある。鍋には酌子は必需品、だから酌と付けたという、信長のユーモアあふれる名にやさしさと愛情がこもる。成人して酌は信吉《のぶよし》を名乗った。

酌の誕生から三年後とみられるが、今度も男の子だった。また信長は「小洞《おほら》」と一風かわった名を付けた。小さな穴という意味で、後の信高《のぶたか》の幼名である。

信長は吉乃が産んだ男の子にも常識外れの幼名を付けている。第一章で触れたように、本能寺の変で討ち死にした嫡子信忠は「奇妙《きみょう》」で、ズバリ奇妙な名である。次男の信雄は「茶筅《ちゃせん》」。茶筅は茶道具だが、信長がうつけといわれた青年期に、髷を茶筅に結い、その装いは奇妙だった。そんな自分の青春の一ページをわが子の名にしたのだ。とにかく吉乃とお鍋の方の子たちの幼名には信長の愛情がにじみ出ている。

お鍋の方は酌と小洞の息子をもうけた後、お振《ふり》という息女を産んだ。信長には一三人の息子と一〇人の娘、計二三人の子が確認できるが、おそらくお振は信長の末子であろう。

お鍋の方は本能寺の変の後、崇福寺にあって、信長と信忠、またわが子松寿の冥福を祈る日々を送った。だがこの彼女を、信長の妻として読経《どきょう》三昧《ざんまい》の日々を送らせるのはもったいないと思った男がいた。

秀吉である。山崎合戦で光秀に勝利した翌年四月、賤ヶ岳《しずがたけ》合戦で織田家重鎮の柴田勝家を撃破し、岐阜城の信孝をも知多《ちた》半島の野間《のま》（愛知県美浜《みはま》町）に葬って、信長の後継者を標榜《ひょうぼう》する。さらに織田信雄・徳川家康と戦った小牧長久手《こまながくて》合戦では、勝負に負けながら、巧妙な駆け引きで家康をも屈服させ、ついに関白《かんぱく》の座を得て天下人となった。

その過程で秀吉は信長の兄弟や息子たちを冷遇し、妻や娘たちの人生を自由自在に操《あやつ》るようになる。お鍋の方もその禍《わざわい》から逃れられなかった。秀吉は一時期、お鍋の方に触手を伸ばし、わが物にした可能性が極めて高い。

なぜならば、秀吉は賤ヶ岳合戦に勝って、「日本の治《おさ》め此の時に候」と小早川隆景《こばやかわたかかげ》に書状を送り、天下の統治者としてスタートした直後から、お鍋の方に対し再三にわたって女性としてはあり余るほどの知行を与えているからである。『小倉婦人記事』を所蔵する小《お》倉正《ぐらまさ》見《み》氏に伝わる文書（永源寺郷土史会『八風街道筋の歴史』所収より）には、このようにある。

「江州愛知郷小椋《おぐら》岸本で以《もっ》て百石、殿村八拾弐石、
青山で合せ百八拾弐石の事、すべて御知行あるべくの状件《くだん》の如《ごと》し
　天正十一、八月朔日　　羽柴筑前守秀吉（花押）
　　小椋鍋殿
」

またその一年三カ月後に、

「あふみの国愛知のこふり、との村あお山の内にて、四百石宛《あてがい》行候、永代御知行あるべく候、仍《よっ》て件の如し

天正十二、十一月十日

秀吉（花押）

御なべの御かた」

そして天正十九年（一五九一）十月二十一日にも、愛知郡青山村の内で五〇〇石を加増する旨の朱印状が秀吉から出されている。

秀吉はなにしろ、主君だった織田家の女性に執心《しゅうしん》した。信長の妹お市の方に恋心を抱き、かなわなかった夢を、娘の茶々《ちゃちゃ》（淀《よど》殿）を妻にすることで充足させた。

さらに信長の次女で蒲生氏郷の妻になっていた冬姫《ふゆひめ》にも懸想《けそう》した。会津九二万石の氏郷が働き盛りの四〇歳で病没した時、三五歳の冬姫は依然若々しく、一児の母とはいえ、未亡人にしておくには惜しい美貌を保っていた。秀吉は冬姫を側室にしようとして、会津にいる冬姫に再三にわたって上洛するよう求めたが、冬姫は応じなかった。だが秀吉を怖れる家臣の説得に折れ、やっと重い腰を上げた。

その冬姫に早速、秀吉からお呼びがかかる。冬姫は「わらわは右大臣家（信長）の子に生まれ、宰相殿（氏郷）の妻になった。秀吉はわが家の奴僕《ぬぼく》にすぎぬ」と嫌悪感を露わにした。そして対面の朝、待ちわびる秀吉は艶《あで》やかな冬姫を想像していた。だが輿《こし》を降りた冬姫を迎え出た秀吉の顔が凍りつく。黒染めの衣、白く細い手には数珠が握られていた。秀吉を拒否する毅然たる尼僧の姿だった。秀吉は冬姫を諦めるとともに、蒲生氏の石高を九二万石から五分の四以上も削って、一八万石として宇都宮《うつのみや》に国替えを命じた。

おそらく秀吉は未亡人となったお鍋の方にも強い関心を抱いた。信長が大事にしたものは何でも奪わなければ気が済まない秀吉であった。彼女は秀吉の望みを拒否できず、側室になったと思われる。確かな証拠はない。しかし先夫・小倉賢治との間にもうけた次男・松寿は本能寺で死んだが、『小倉婦人記事』によれば、長男の甚五郎は手勢四〇〇を有し、加賀国松任《まっとう》の城（具体的な城名は不明）を秀吉から賜っている。また信長との間に生まれた二人の息子のうち、信吉は関ヶ原合戦で西軍について失領したため知行高は不明だが、東軍に属した信高の方は天正十九年（一五九一）に一〇六〇石、文禄四年（一五九五）には加増されて二〇六〇石を知行している。こうしたお鍋の方の息子たちへの優遇は、単に秀吉・おね夫妻に仕えただけでは得られないであろう。

晩年の人生

『小倉婦人記事』には、お鍋の方を「北の方女房《にょうぼう》衆と号し、老女三人のうちの一人として大政所《おおまんどころ》（秀吉の母なか）に仕えた」とある。お鍋の方にはそのような時期があったかもしれない。しかしお鍋の方は大坂城の奥に詰め、北政所おね（秀吉の正室）のもとにあったことが、「醍醐花見短籍《だいごはなみたんざく》」によって明らかである。

この短籍は慶長三年（一五九八）三月十五日、秀吉の命が燃え尽きるわずか五カ月前に、満開の山桜のもとで催《もよお》された太閤《たいこう》秀吉一代の盛儀とされる醍醐の花見で、参加者が詠んだ歌一三一葉《よう》である。現在は国の重要文化財に指定されている。

ここにお鍋の方の一葉の短籍がある。この短籍が秀吉時代のお鍋の方のすべてを物語っているような気がする。

短籍には「相生《あいおい》の松の木のまに咲く花は　友に千《ち》とせの春やへなまし　なべ」とある。

醍醐花見短籍は、秀吉の「あらためて名を替へてみむ深雪山《みゆきやま》　うづもる花もあらはれにけり　松（秀吉の雅号）」に始まり、北政所おねが「君か代の深雪の桜さきそひて　いく千世かけて眺めあかさむ」と和し、淀殿も「相生の松も桜も八千世《やちよ》経《へ》ん　君がみゆきの今日を初めに」と詠んだ歌に続いて、花見に参加した人々が、次々に自らの歌を短籍に書いたものである。

この花見の宴に出席した男性は、秀吉と息子秀頼《ひでより》、それに妻まつ同伴の前田利家《まえだとしいえ》、木喰上人応其《もくじきしょうにんおうご》の四人のみである。一方、女性たちは淀殿のほか、側室として松の丸殿、加賀殿の名が見える。そのほかは北政所と淀殿に仕える侍女たちがほとんどだった。

お鍋の方は北政所の侍女として醍醐の花見に加わったのである。だがこの侍女たちの中にかつて秀吉の側室だったとみられる女性がいる。「相生の松も年古《としふ》り桜咲　花を深雪の山ののとけさ　かい」の短籍を残す女性である。この女性は甲斐姫と呼ばれる、成田氏長《なりたうじなが》の娘の可能性が高い。小田原《おだわら》の北条氏《ほうじょう》を滅ぼす際、石田三成は北条方の忍城《おし》（埼玉県行田市）を攻めた。甲斐姫はこれに正面突破、また奇襲と多彩かつ果敢に攻め、戦国きっての女剣士と呼ばれた。彼女は剣の上手と美貌で秀吉の側室になった。甲斐姫は側妻《そばめ》としての役目を終えると、大坂城に留まり、北政所のもとにあったことをこの短籍は暗示している。お鍋の方もまた同じようにして北政所に仕え、醍醐の花見に参加したと思われるのだ。

お鍋の方は秀吉の生存中は大坂城の奥で暮らしていたが、秀吉の死後、悲哀を味わう。

前述したように関ヶ原合戦で、信長との間にできた息子の信高は徳川家康の東軍に味方したが、信吉は石田三成の西軍につき、お鍋の方は信吉と行動をともにしていた。このことから彼女は信吉に連座したとして、秀吉から与えられた所領のすべてを失った。それは可哀そうだと、秀頼から五〇石の采地《さいち》（領地）をもらう。北政所もまた年来の労苦を多として三〇石を下賜《かし》した。

お鍋の方は京都で余生を送り、慶長十五年（一六一〇）六月二十五日に京都で没した。

大徳寺総見院の織田家墓所。信長の墓（左から３番目）を中心に、一族の五輪塔が並ぶ

織田家墓所内、お鍋の墓（手前）。二つおいて娘お振の額縁形の墓石がある

正確な行年は不明で、六五歳から七〇歳の間と思われる。

近江八幡市の彼女の生誕地・小田城跡から一五〇メートルほど離れた盛土の上に〝おなべ松〟と呼ばれる三本松があり、その下にある墓にお鍋の骨を埋めたとする伝承が残る。そして京都大徳寺の塔頭・総見院《そうけんいん》の織田家墓所に、青い自然石の墓石に「興雲院殿月隣《きょううんいんでんがつりん》宗心大姉《そうしんだいし》之墓」と刻まれたお鍋の方の墓がある。墓石左面にある文字から、寛永十六年（一六三九）に信吉の子の良甫《りょうほ》（津田左馬助《さまのすけ》）、つまりお鍋の方の孫によって建立されたことが分かる。

織田家の解体と没落

お鍋の方の後半生が秀吉の掌《たなごころ》の中にあったように、信長の娘たちは冬姫だけでなく、他の娘たちも秀吉に翻弄《ほんろう》された。

信長在世中に前田利家の嫡子・利長《としなが》に嫁いだ永姫《えいひめ》など、幸せな生涯を送った娘もいるが、多くの娘たちが秀吉の強い影響を受けた。

信長の六女とされる娘（名は不詳）は八歳の時、信長によって丹羽長秀の嫡子長重《ながしげ》と婚約したが、翌年、信長は本能寺に死んだ。そこで秀吉が仲人を買って出て結婚させた。なぜなら長秀は山崎合戦で秀吉に味方し、織田家の跡継ぎを決める清須会議でも、秀吉の意図を汲んで相手・柴田勝家の意見の封じ込めに貢献したからだ。長秀は賤ヶ岳合戦の後、北陸方面で一二三万石の大大名になった。

だが天正十三年（一五八五）四月に長秀が病死し、長重が家督を継いですぐ、秀吉の態度は豹変《ひようへん》する。越中の佐々成政《さつさなりまさ》の討伐に際し、丹羽家中に反秀吉の動きがあると因縁《いんねん》をつけ越前を没収、その後もさまざまにいい掛かりをつけ、一二三万石から、たった加賀松任城四万石に没落させた。信長の恩も、長秀の功績も、死んでしまえば関係ない。息子長重も信長の娘もすでに無用の長物《ちようぶつ》として切り捨てた。自ら仲人をした秀吉のあまりの現金さに長重の妻は唖然とし、秀吉を憎んだ。さすが秀吉も気が引けたのであろう、小田原の陣や朝鮮出兵の功績で長重を一二万五〇〇〇石に回復させている。

秀吉の極めつけは、自分と四〇歳以上も年の離れた安土城生まれの信長の娘を側室にしたことである。名前は伝わらず、蒲生氏のもとで育った。秀吉の側室にされて伏見城の三の丸に館を与えられたことから、三の丸殿と呼ばれた。秀吉はこの五カ月後に逝去し、秀吉の遺志で間もなく公家の二条昭実《にじようあきざね》に嫁いでいる。だが彼女は慶長八年（一六〇三）二月五日に他界した。享年は二五か二六。薄幸の人だった。

こうした中で、秀吉が信長の側室と娘に行なった残忍な行為がある。柴田勝家と結んで秀吉に叛逆した信孝の母とその娘を人質に取っていた。『勢州軍記』に「信孝は坂《さか》の息女の腹なり」とある。坂氏の女《むすめ》は永禄元年（一五五八）に尾張熱田《あつた》（名古屋市）の岡本《おかもと》太郎《たろう》右衛《え》門《もん》良勝《よしかつ》の家で信孝を産んだ。岡本家は熱田神宮の神官の家で、良勝は坂氏の女と血縁関係にあった。彼女が信長の側室になった経緯は不明だが、信孝と娘一人を産んでいる。ガスパル・コエリョの『イエズス会年報』によれば、キリスト教に入信している。信孝は柴田勝家と手を組み、秀吉に反抗した。態度を改めない信孝への見せしめのため、秀吉は坂氏母娘、つまり信長の側室にして信孝の母とその娘を磔《はりつけ》にして殺したのである。これにはさすがに周囲の者たちも言葉を失った。

秀吉は織田家の一族を虐《しいた》げた。信長は明智光秀によって殺されたが、織田家は秀吉によって解体された。

そんな中で、信長の末娘とみられるお鍋の方が産んだお振は、織田家一族の没落をまさに象徴するような人生を歩んだ。

信長が生きていたら大大名の正室に収まるべきお振は、三《み》河《かわ》刈谷《かりや》城（愛知県刈谷市）の水野《みずの》忠重《ただしげ》の次男忠胤《ただたね》に嫁いだ。その時期は不明だが、この結婚ばかりは秀吉の死後の可能性がある。なぜなら秀吉の在世中ならば、お鍋の方を想って、捨扶持《すてぶち》を喰《く》らう次男坊ではなくそれなりの大名の嫡子に嫁がせていたと考えられるからだ。

忠胤は関ヶ原合戦時、大垣《おおがき》城を攻めた武功などにより、三河国内で一万石を賜わり、兄勝成《かつなり》（刈谷城三万石）から独立して三河水野藩を創設した。小大名とはいえ、お振には朗報であり、平穏な日々の中で一男二女の母となった。だが小大名夫人としての幸せは突然に瓦解する。

しかも悲劇は織田家一族の融和の中で起きた。忠胤は松平《まつだいら》左馬允《さまのじよう》忠頼《ただより》と親交を深めていた。忠頼の妻が信長の弟有楽《うらく》の娘で、お振とは従姉妹同士で仲よくなり、その妻たちを通して夫同士も懇意になったのだった。

『寛政重修諸家譜』の「清和源氏　水野」の項によれば、慶長十四年（一六〇九）九月二十九日、忠胤は江戸屋敷に左馬允忠頼を招いて宴会を催した。その席で与力《よりき》の久米左平次《くめさへいじ》と服部半八郎《はっとりはんはちろう》とが武道のことで諍《いさか》いになり、刃傷《にんじよう》に及んだ。これを止めようとした左馬允忠頼が左平次に斬られ、二八歳で横死《おうし》した。この事件で忠胤も罪をこうむり、十月十六日に死を賜って切腹したのである。仲のよい織田家の従姉妹同士の交際が思わぬ悲劇を生んで、ともに夫を失ってしまったのだ。

■女たちの光と影

お振は一男二女を夫の兄勝成に預けて、織田信雄《のぶかつ》のもとに帰る。本当は娘二人を一緒に連れ帰りたかった。だが信雄は秀吉の晩年に罪を許され、わずかな禄で御咄衆《おとぎしゅう》（側近の話相手）として召し出されてはいたが、関ヶ原合戦で西軍につき禄も没収されており、凋落《ちょうらく》した信雄にそんな余裕はなかった。

お振の食い扶持さえままならない織田家にあって、お振は佐治与九郎一成《さじよくろうかずなり》（信時《のぶとき》）と再婚する。まさにそれは秀吉の亡霊に操られたような結婚だった。

夫一成もまた信雄同様に秀吉に痛めつけられた。一成の母は信長の妹お犬の方である。信長は知多半島の大野《おおの》水軍が欲しくて、お犬を大野城主・佐治対馬守八郎信方《つしまのかみはちろうのぶかた》に嫁がせた。信長は大野水軍をもって一向一揆《いっこういっき》の拠点、伊勢長島《いせながしま》を海から攻撃したかった。信方はその期待に応えた。だがわずか二二歳で一向一揆制圧のさなかに討ち死にしてしまう。お犬の短い結婚生活の中で生まれたのが、嫡子一成だった。

お犬は信長のもとに帰り、後に細川昭元《あきもと》と再婚し、一方の一成は成長して大野水軍を率いる若き大将に成長した。やはり水軍が欲しい秀吉は、預かっていたお市の方の三女お江《ごう》（お江与《えよ》とも）を一成に与えた。

だが、小牧長久手の戦いの時だった。秀吉が佐屋川《さやがわ》の航路を断ったため、家康は渡河できず困っていた。これを聞いた一成は、大野から船を出して家康の難儀を救った。

秀吉は激怒した。お江を「姉の淀殿が病気」と偽って大坂城に呼び戻し、そのまま帰さず、一成との仲を引き裂いた。それだけでは怒りが収まらない秀吉は、大野城六万石を没収した。

行き場をなくした一成は、対岸・伊勢を治める安濃津《あのつ》城（三重県津市）一五万石の城主で信長の弟の信包《のぶかね》を頼った。一成は無役で五〇〇〇石をもらう。また渡辺《わたなべ》小大膳《こだいぜん》の娘を妻に迎えたが、鬱々《うつうつ》とした毎日を送った。

秀吉は織田家の人間を排除する中、矛先を信包に向ける。信包は小田原の陣の時、北条父子の助命伝達を斡旋《あっせん》したことを咎《とが》められ、また朝鮮出兵でも秀吉の機嫌を損ねて、文禄三年（一五九四）九月に安濃津城を没収された後、近江の国内で二万石に落とされた。彼は出家すると老犬斎《ろうけんさい》と称し、信雄同様に秀吉の御咄衆の一人とされた自分をあざ笑った。

ここに、信長一族で一国を預かる大大名は一人もいなくなった。

ただ秀吉はあまりに冷遇した信包を不憫と思ったのか、死ぬ間際に丹波の柏原《かいばら》（兵庫県丹波市）三万五〇〇〇石に封じた。

一成に再起の気力はなく、没落する信包に同行して柏原に向かった。この間、一成は妻（渡辺小大膳の娘）を亡くしていた。子もいなかった。

おそらく信包と信雄が相談し、一成とお振を結びつけたのであろう。そう若くはない二人は再婚した。お振は一成より干支《えと》で一回りほど年下だったと思われる。この結婚は未来に明るい希望があるわけではなく、単に生きていくためのものであった。

時に一成の最初の妻お江は、秀吉の養子・小吉秀勝《こきちひでかつ》と再婚したが、その秀勝は朝鮮で戦没し、三度目に家康の息子秀忠《ひでただ》に嫁いだ。言うまでもなく秀忠は徳川二代将軍である。御台所となったお江は三代将軍となる家光を産み、娘和子《まさこ》は後水尾《ごみずのお》天皇の女御《にょうご》として入内する。お江は光の中を歩む。

お振は信長が光秀に殺されなければ、その光は自分のものであったとつくづく思ったであろう。だがその夢は遠い昔に散って、いまは質素な生活にも耐えられた。一男三女を得て、その子の成長に喜びを感じる市井《しせい》の人となったのである。

夫一成は寛永十一年（一六三四）九月二十六日に死んだ。享年は六六前後である。お振はなお九年を生き、同二十年（一六四三）四月九日に他界した。享年は六二、三だった。父信長・母お鍋の方と同じ大徳寺塔頭総見院の織田家墓地に眠る。墓碑には「信長公息女

小字《しょうじ》振子　江聲院殿紅巌妙練大姉《こうせいいんでんこうがんみょうれんだいし》」と刻まれる。

第五章

お市《いち》の方

——信長・光秀・秀吉に翻弄《ほんろう》された生涯

■鶴が運んできた縁談

お市《いち》の方の人生が再び壊れたのは、本能寺の変によってであった。『祖父物語』はお市の方を「天下一の美女との評判」という。娘の淀殿（茶々《ちゃちゃ》）が母の七回忌に高野山《こうやさん》の持明院《じみょういん》に納めたお市の方の肖像画は、きりりとした目鼻立ちで、現存する戦国女性のどの画像よりも美しく、洗練された見目形《みめかたち》をしている。

彼女は織田信秀《のぶひで》の五女で、母親は信長と同じ土田《どた》御前といわれ、信長と母を同じくしながら一三歳も年が離れた兄妹だった。

木曽川流域から瑞鳥《ずいちょう》の鶴が姿を消して久しかったが、信長が居城とした小牧山城の上空に数百羽の鶴が飛来し、白雪のごとくに乱舞した。「吉兆《きっちょう》だ」と人々は喜ぶ。『武功夜話』は「信長公の妹御様（お市の方）、江州《ごうしゅう》浅井氏と縁組を取り決めるなり。これは稲葉《いなば》伊予《いよ》（良通《よしみち》）仲人《なこうど》なり。鶴鳥小牧山頂へ舞い下り御目出度《おめでた》き儀重《ぎかさ》なりて取り決まる」と記している。

だがこの時、まだ小谷城《おだに》（滋賀県長浜市湖北町）に向かう花嫁街道には敵が立ちはだかっていた。二年後の永禄十年（一五六七）八月十五日、信長は斎藤龍興を滅ぼして美濃を手に入れ、稲葉山を岐阜と改めて小牧山から移った。ここにお市の方の嫁入りが可能になる。そしてすぐに、二一歳の彼女は二歳上の浅井長政《ながまさ》のもとに嫁いだのである。
　ただし、二一歳での輿入《こしい》れはあまりに年を取り過ぎており、一五歳の永禄四年（一五六一）説など数説があるが、長女茶々の生まれが永禄十二年、次女初《はつ》がその翌年の点からして二一歳での結婚が妥当と思われる。だが問題は長男の万福丸《まんぷくまる》で、一〇歳で刑死したとされ、逆算すると輿入れ前の永禄七年生まれになる。年齢の誤伝、また側室の子との指摘もあるが、そのあたりは謎として残る。

お市の方（高野山持明院蔵「浅井長政夫人像」）

　浅井氏の先祖はもともと土豪で、長政の祖父亮政《すけまさ》の時、名門京極《きょうごく》氏の執権として小谷城を築き、湖北（琵琶湖北部）を支配するようになる。父久政の時代に京極氏を押しのけて、戦国大名にのし上がった。ところが南で接する六角《ろっかく》氏との戦いに負け続け、服従を余儀なくされた。

その無念さを最もよく知っていたのが長政である。彼は永禄二年（一五五九）に一五歳で元服して新九郎賢政《しんくろうかたまさ》を名乗った。時に『浅井三代記』は当時の重臣たちが「久政は、昼は鷹狩り、夜は酒宴に心を入れ、息子長政（賢政）が出陣を訴えても許さなかった。このままでは浅井領は六角氏にことごとく切り取られてしまう。久政を引退させ、長政を大将にしよう」と話し合ったと記す。そこで重臣たちがクーデターを起こし、久政を強引に隠居させ、翌年、賢政（長政）を跡継ぎに迎えた。彼は祖父亮政の気質を受け継ぎ、器量の大きい青年で、ただちに父久政の六角氏への弱腰政策と決別することを宣言した。

実は賢政の名は六角義賢《よしかた》から一字を付与《ふよ》されたもので、その名を破棄したのだ。また長政は六角氏の家臣・平井加賀守定武《ひらいかがのかみさだたけ》の娘と結婚させられていたが、妻を親元に送り返して離縁する。さらに愛知郡野良田《えちのらだ》（滋賀県彦根市）で六角氏と戦い、勝利を得た。戦えば必ず負けた父久政時代の汚名を、長政はここで見事に晴らしたのである。

ただ頼りなげだった久政の時に浅井氏がなんとか戦国大名になれたのは、越前朝倉氏の援助があったからで、朝倉との同盟は長政の時も維持されていた。

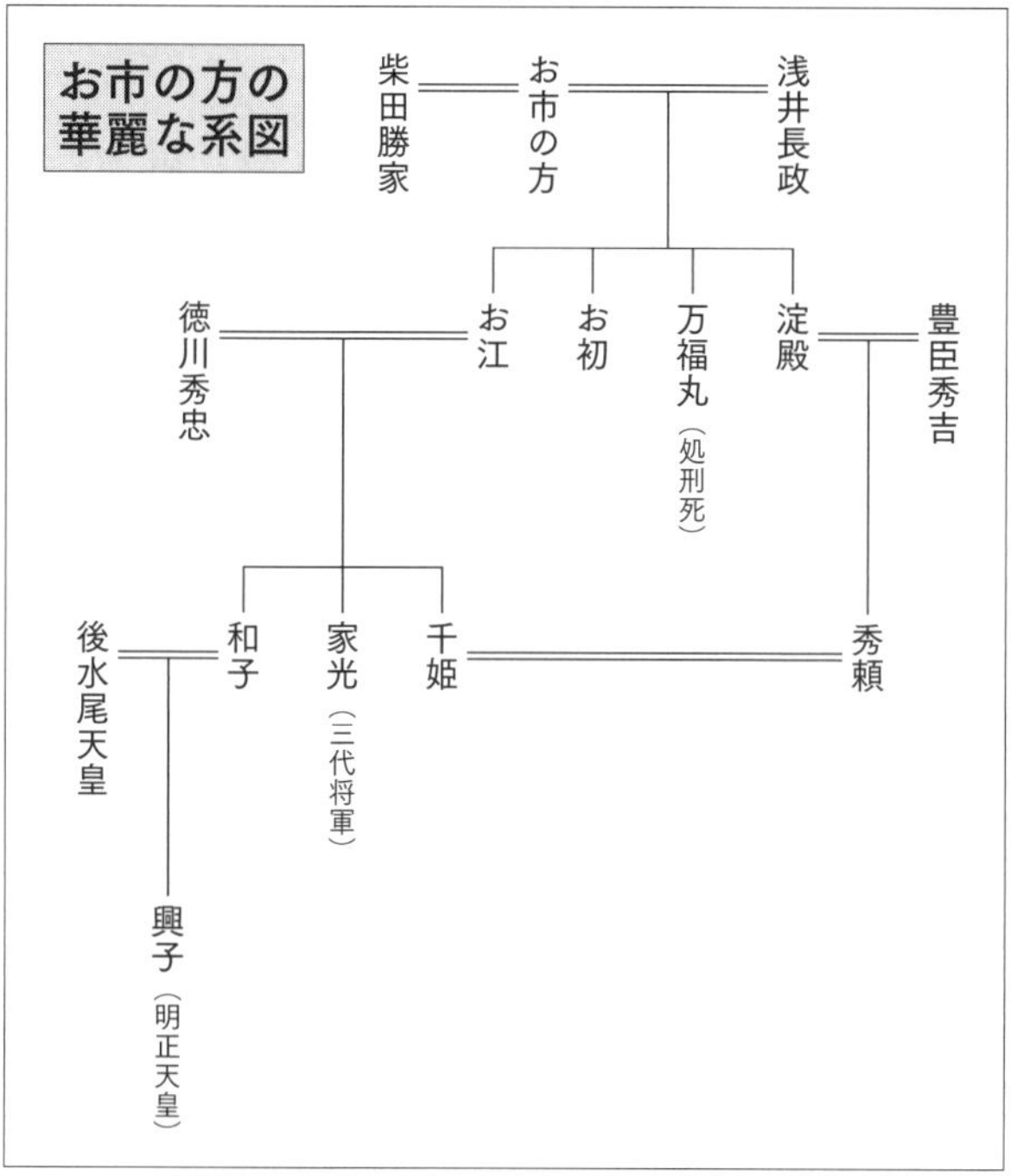

■裏切り

そんな中で、持ち込まれた長政とお市の方の結婚話に、隠居させられた久政とこれを取り巻く家臣たちは乗り気ではなかった。だが長政と若い家臣団は賛成した。

信長は「六角氏を一緒に攻めよう。希望ならば美濃国を差し上げてもよい」と誘った。浅井氏と朝倉氏の深い関係を知る信長は、浅井氏の承諾なしに朝倉氏を攻めたりしないとの誓紙《せいし》も

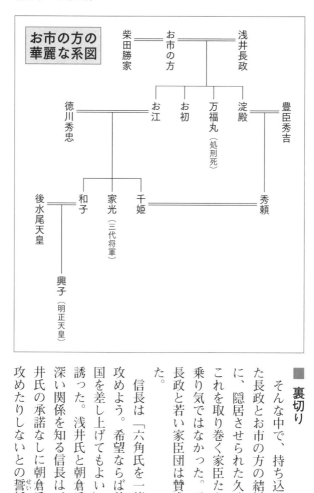

入れた。信長との同盟は浅井氏にとり非常に有利なものだった。

お市の方を妻に迎えた翌年（永禄十一年）、越前一乗谷の朝倉義景のもとにいた足利義昭が、信長のところに向かう際、長政は小谷城で大いにもてなす。それは浅井・織田の同盟を周辺諸国にアピールするいい機会となり、浅井氏の力の躍増《やくぞう》を示すものとなった。

信長と長政は、足利義昭の上洛を前にして佐和山《さわやま》城で会う。信長は上洛の行く手に立ちはだかる六角氏の情報を長政から聞き出し、長政は全面協力を約束した。信長は上機嫌で長政に「我々二人で天下を治めよう」と語り、長政の家老たちに対して「各々方《おのおのがた》を大名に取り立てようぞ」と約束したという。

いったん岐阜に戻った信長は、義昭を戴いて六万の兵を率《ひき》い、長政の浅井軍と佐和山城近くの高宮《たかみや》で合流し、一丸となって攻めた。六角義賢・義治父子を追放して観音寺城を落とし、長政は溜飲《りゅういん》を下げたのである。

だが信長・長政の蜜月は短かった。お市の方に次女初が生まれた元亀《げんき》元年（一五七〇）、上洛を拒《こば》む朝倉義景を許せない信長は、浅井氏に内緒で四月二十日、京都を発《た》って、琵琶湖西岸を通り、若狭から越前に攻め込んだ。敦賀《つるが》の金ヶ崎《かねがさき》城を落とした翌二十七日、信長が木ノ芽《きのめ》峠を越えようとするところに、「浅井長政背《そむ》く」の報が届く。それを知らせたのは、実はお市の方だったといわれる。

浅井氏を裏切ったのは信長の方である。朝倉氏と敵対する時は事前に相談する約束ができていたからだ。その約束を破った信長に目をむいたのは長政の父久政と、朝倉氏に恩顧《おんこ》を感じる年取った家臣たちだった。お市の方と長政の夫婦仲は良く、長政と信長の連携を重視する若い家臣たちは信長派だった。

浅井氏は分裂の瀬戸際に立たされる。しかし長政は、父久政に背くことは子としてできないと、自らの意見を捨てて、信長を裏切る苦渋の選択をした。

長政は越前に入った信長を背後から突こうとした。これに対し『朝倉家記』に、浅井氏の裏切りを伝えたのはお市の方で、小豆《あずき》をもって知らせたとある。彼女は織田家から従った家臣を信長に派遣し、陣中見舞いといって小豆を届けさせた。書状で知らせれば、使者が捕まった際はバレてしまう。そこで小豆にした。その袋は上下を縄で結《ゆ》わえてあった。

「お兄さま、織田軍はこの袋に入った小豆と同じです。上の縄は朝倉軍、下の縄は浅井軍です。あなたは袋の中の鼠《ねずみ》です」

上下を縄で結わえた小豆の袋はそう語っていた。この妹お市の方の機転に助けられて、信長は浅井軍の攻撃に遇《あ》わず、無事に京都に逃げ帰ることができたのである。

すでに第一章で触れたが、当時の戦国大名同士の結婚は、輿入れに実家の乳母、侍女だけでなく、家臣も従って、婚家に住みつくのが定石《じょうせき》だった。そこは治外法権となり、婚家で得られる情報を実家に知らせることができた。つまりスパイ同然の役割を果たした。なぜそんなことが許されていたのか。それは嫁いでもなお、女には実家にある所領が残り、財産権は消滅しなかったからである。

江戸時代になると女の財産権は消滅するが、戦国時代、この財産権が女の立場を強くしていた。だから嫁いでもなお実家のために、女も、またこれに従った人たちも忠誠を誓い働いたのである。こうしたお市の方と彼女に従った織田家旧臣のチームワークによって、信長は間一髪、危機を回避できたのだった。

■朝倉家と浅井家の滅亡

前述したように、はじめに浅井氏を裏切ったのは明らかに信長だった。だがそんな自分を忘れたかのように、信長は浅井氏に強い怒りを抱く。二カ月後、早くも湖北に攻め込み、姉川《あねがわ》の合戦で浅井・朝倉連合軍を破って横山《よこやま》城を奪い取り、城番《じょうばん》に秀吉を置いて、小谷城攻略をめざした。

これに対し、足利義昭は自分がお飾りの将軍に過ぎず、実権を信長に奪われたことから反信長勢力の結集を画策した。これに本願寺とともに呼応した浅井・朝倉氏は比叡山とも協力して、岐阜から京都への街道の入口にある信長方の要所・宇佐山城《うさやま》（大津市）を攻めて守将・森可成《もりよしなり》を戦死させた。そこで信長は明智光秀を宇佐山城主にし、敵対する比叡山を焼き討ちすると、秀吉に指揮を取らせて、浅井氏の小谷城攻略に本腰を入れたのである。

そんな中で、お市の方は兄信長に心を寄せながら、長政との離婚は考えなかった。父久政に引きずられる長政の心情を理解し、さらに生まれた子、また今も妊娠中の子の親として、そばにいてやりたいとの気持ちが強かった。

臨戦態勢に入った浅井氏は信長の襲来を見越し、お市の方と子どもたちを小谷城の麓にある清水谷《しみずだに》の屋敷から山上の大広間に移動させた。その山城で元亀四＝天正元年（一五七三）正月、お市の方は三女お江《ごう》を産む。

そして山城での窮屈な生活に耐える中、浅井氏は信長の厳しい攻撃を受ける。

朝倉義景は自ら二万の援軍を率いて、余呉湖《よごこ》近くの田上山《たがみやま》に布陣した。さらに小谷城と峰続きの大嶽山《おおつくやま》を、五〇〇の朝倉兵が守った。信長は自ら馬廻衆のみを率いて風雨の夜、大嶽山を奇襲して破ると、ただちに朝倉本隊が野営する田上山を襲撃した。大嶽山の敗北にすっかり弱気になった義景は、戦おうとせず撤退を命じた。だが越前と近江の国境・刀《と》根坂《ねざか》で信長軍に追いつかれて激戦になり、三千余の屍《しかばね》をさらして義景は一乗谷に逃げ帰る。これを執拗に追跡した信長は一乗谷を火の海にし、朝倉一〇〇年の栄華を一気に灰燼《かいじん》に帰せしめた。やむなく義景は越前大野まで逃亡するが、進退窮《きわ》まって自刃し、朝倉氏は滅びた。

手を抜かぬ信長はとって返して、小谷城を完全包囲した。小谷城は南北に深い谷を刻み、馬の背状に細長く続く山城で、手前から本丸、大広間、京極丸、小丸が連結して山上断崖の詰めの丸である山王丸《さんのうまる》（海抜四九五メートル）へと続いていた。

ここで鮮やかな戦いをしたのが秀吉だった。八月二十七日夜、秀吉の軍勢は登攀《とうはん》不可能とされる清水谷からの切り立つ断崖をよじ登って、無防備だった京極丸を瞬時に占拠し、長政のいる本丸と父久政がいた小丸を分断した。久政は戦う兵力もなく自刃する。

『浅井三代記』によれば、長政はお市の方に「信長はそなたの兄である、粗末にはすまい。信長のもとに送ろう。もし命長らえれば、我の菩提を弔ってほしい」と伝えた。これに彼女は「あなた様のお言葉とは思えませぬ。一緒にお供させてください」と拒否した。

すると長政は「三人の姫はどうなる。殺すにはあまりに不憫《ふびん》。理を曲げて姫たちと逃れて欲しい」と再三、説得した。ここにお市の方も折れて、二十九日に彼女と娘三人は信長の陣営に引き取られた。また息子は二人いたが、ひそかに城を脱出させた。

　信長はお市の方と娘三人を迎えて、心から喜んだという。妻と娘が無事に信長のもとに迎え入れられたことに安心した二九歳の長政は翌九月一日に自刃した。朝倉氏に続いて、浅井氏も滅びたのだった。三代五一年の栄華だった。

お市の方が住んだ小谷城麓の屋敷跡

　以後、お市の方と娘たちは天下をめざす信長の庇護《ひご》を受ける。信長はお市の方と娘たちを、母（土田御前）を同じくする信包《のぶかね》に預け、安濃津城（後の津城・三重県津市）に身を寄せさせた。ただ異説もある。最初、信長の叔父で守山《もりやま》城主の信次《のぶつぐ》に引き取られたが、翌年、信次は長島の一向一揆で戦死し、その後、居を信包のもとに移したともいう。

本能寺の変が砕いた幸福

お市の方母娘に平穏な日々が訪れた。だが、それは本能寺の変によって九年で打ち砕かれる。しかも光秀を山崎合戦で破った羽柴秀吉は、天下を競望《けいぼう》し、織田家にとって変わろうとした。

織田家は危機に直面する。三六歳のお市の方は、信長の息子の中で最も資質に優れた三男信孝と仲が良かった。信孝は織田家の宿老《しゅくろう》・柴田勝家を味方に頼み、反秀吉陣営を構築する。お市の方はこれを支持し、自らの意思によって、二五歳も年上の勝家と再婚した。ここに信孝・勝家連合が誕生し、お市の方は娘の茶々、お初、お江の三姉妹を連れて、越前北ノ庄城（福井市）の人となったのである。

この結婚に秀吉は激しく嫉妬した。主君織田家の深窓《しんそう》の佳人《かじん》であるお市の方に、ほのかな憧れを抱いていた秀吉は、信長の仇を討ち織田家家臣の中枢に躍り出たと自負し、お市の方をも自由にできると驕《おご》っていた。だがそのお市の方は勝家の妻となった。秀吉は勝家に強い敵意を抱いた。

一方のお市の方は秀吉を憎んでいた。夫長政が小谷城に滅んだのは、兄信長のせいである。だが小谷城陥落の最終局面で華々しく活躍したのは秀吉だった。また彼女に二人の息子がいた。長子万福丸は、落城寸前に家臣によって城外に脱出したが捕えられた。「殺せ」と命じたのは信長だが、関ヶ原で串刺しというむごい刑を執行したのは秀吉だった。さらに浅井氏の旧領を、秀吉は恩賞としてもらい、琵琶湖東岸の長浜に、一国一城の主になって天守を有する城を築いた。お市の方にとり、秀吉は浅井氏領地を奪った許しがたい男であった。

しかし、北ノ庄城での母と三姉妹の日々はわずか一〇カ月で潰《つい》えてしまう。

勝家は翌年の天正十一年（一五八三）四月、賤ヶ岳の戦いに敗れ、北ノ庄城に逃げ帰る。秀吉は追撃して、城を十重《とえ》二十重《はたえ》に囲んだ。

『太閤記』によれば、運命ここに極まれりと悟った勝家は四月二十三日夜、天守の上下、広間、また櫓《やぐら》々《やぐら》などで酒宴を催した。広間では勝家とお市の方を真ん中にして一族・一家、また股肱《ここう》の臣八十余人が並んだ。勝家は「猿冠者《さるかじや》秀吉のためにかく成り果てたこと無念の次第だが、つまるところ酒を飲み明日は浮き世に別れを告げて、あけぼのの雲と消えようぞ」と語りかけた。留守居役家老の中村文荷斎《なかむらぶんかさい》が用意をした名酒の樽をたくさん並べ、種々の肴《さかな》を出し、天守や櫓を守る兵たちにも行き渡らせ、城全体に酒宴の騒ぎ声が響き渡った。

『柴田合戦記』は酒宴の様子をこう伝える。

「次第々々に酌《く》み流し、乱れ合《あわ》せ、入れ違ひ、中飲み、思ひ指し、珍肴珍菓《ちんこうちんか》の山の如《ごと》く前に置き、後《うしろ》には上臈《じょうろう》・姫公《ひめぎみ》を始め、局々《つぼねつぼね》の女房達、老婆・尼公《あまぎみ》に至るまで、上中下を憚《はばか》らず、若き妓女《ぎじょ》に酌《しゃく》を取らせ、一曲の歌、五段の舞、繰返し繰返し酔を既《つく》す。表《おもて》には暫《しばら》く楽しみの声をなすと雖《いえど》も、裡《うち》には終《つい》に悲しみの意休《こころや》まず」

にぎやかな宴《うたげ》の中に、明日を一期《いちご》にこの世を去る悲しみが漂う。

夜更《よふ》けに酒をとめて、諸士は去る。勝家はお市の方に「そなたは亡き信長公の妹君、猿めにも主君の妹君に当たる。すぐに姫君たちを連れて、城を立ち退かれよ」という。お市の方は首を振って、「去年の夏、あなたさまの妻となって、この運命に遭うも前世からの因縁でございましょう。死ぬ覚悟はできております。ただ娘三人は生かしてやりとうございます」と、三姉妹の救出を願った。

お市の方は娘三人に、自分は死ぬが三人には生きるよう説得した。一五歳になる長女の茶々は「私も死ぬ」といい張って泣いたが、厳しく叱りつけ、妹のお初、お江の二人の面倒を頼んだ。

『以貴小伝《いきしょうでん》』によれば、勝家は自ら手紙を秀吉に送り、三姉妹の保護を依頼すると、娘たちを一つの輿に乗せ城外に出した。この時、なるべく多くの女房たちを従わせ、彼女たちの命も救う。三姉妹の輿と女房たちが出てゆく時、秀吉方の兵士たちは道を開け、お市は娘たちを三の丸まで見送った。

足羽山《あすわやま》に陣した秀吉は、三姉妹に「よく参られた」と相好《そうごう》を崩したという。

その夜半、勝家はお市の方と寝所に入った。寝つけずに昔語りになり、まどろんだかと思えば、はや中空に死出の朝を告げる郭公《ほととぎす》（カッコウのこと）の鳴き声がした。

お市の方は辞世《じせい》を詠む。

お市の方の銅像（北ノ庄城跡）

「さらぬだに打《うち》ぬる程も夏の夜の　夢路をさそふ郭公かな」（短い夏の夜はすでに終わってしまい、死出の山から来て鳴くといわれるホトトギスが夢を見るように私をあの世へ誘っている）

これに勝家は「夏の夜の夢路はかなき跡の名を　雲井にあげよ山郭公」（夏の短い夜に見る夢のようにはかない

人生だったが、山ホトトギスよ、せめて私たちの名前をはるか空高く後の世までも伝えておくれ）と応えた。

二人の仲を羨《うらや》むように、暁寅《あかつきとら》の一点（二十四日午前四時）より諸卒を揃えて、秀吉軍が本丸に攻め入った。

北ノ庄城を落とした直後、秀吉が小早川隆景に宛てた手紙には「よりすぐった兵をもって天守内に打ち物のみを持たせて入らせたが、さすが勝家は武辺の者だけに、七度まで斬り出してきた。だが、とうとう防げずに、天守の九重目にまで上って、攻め手に対して『修理《しゆり》（勝家）が腹の切り様をよく見て、後学《こうがく》にせよ』と叫んだ」とある。

これが最後の最後と観念した勝家は、お市の方らが集結した天守五階に現われる。天守の下層階には枯草を積み上げ、しかも大量の弾薬が仕掛けられていた。

『柴田合戦記』によれば、さすが豪勇をもってなる勝家も、お市の方を見ると哀れで、鎧の袖で涙をぬぐいながら、「はかなき盟《ちか》いによって、夫の手に懸《か》かる事、痛ましく、嘆かわしい限りである。これはまた前世の業因《ごういん》であろう。討ち死に、自害は武家の習い、生《しよう》者必滅《じやひつめつ》、会者定離《えしやじようり》、誰もこの定めから免れることはできない」と、無念の気持ちを伝えたという。

お市の方をはじめ一二人の妾《おもいびと》、三十余人の女房たちは、数珠《じゅず》を持つ手を合わせ念仏《ねんぶつ》称名《しょうみょう》を涙ながらに唱える。

勝家はお市の方の前に片膝立てて座ると、ぐいと片手で抱き寄せ、半身になってもう一方の手に脇差を握り、「許せ、市」とわずかに声を上げ、胸を一気に突き刺した。甲冑《かっちゅう》をつけた勝家の胸も鮮血で赤く染まった。

続いて運命をともにしたいと願った女たちすべてを、家臣に任せるのは不義理と、年来の感謝とともに自ら一人ひとりを刺し殺したのだ。

そして最期、「勝家は『勝家が腹の切り様を見よ』とて、左手の脇に差し立て、右手の背骨に引き著《つ》け、返す刀にて心《むね》の下より臍《ほぞ》の下にいたるまでを断ち切って、五臓六腑《ごぞうろっぷ》を掻《か》き出《い》だすと、文荷（中村文荷斎）を呼んで、首を打て、と請う。文荷は後に廻り、首を丁《ちょう》と打ち落とす。其《そ》の太刀にて腹を切って死す。外の股肱《こ》の臣八十余人、或《あるい》は差し違へ或は自害した」と伝える（『柴田合戦記』）。

天守の階下に積んだ枯草に火が放たれるとたちまち燃え広がり、黒煙が窓から吹き出しはじめたと思った瞬間、弾薬に火がついて申《さる》の刻（午後四時）、九重の天守は勝家・お市の方らの亡骸《なきがら》を載せて天空高く粉々に砕けて飛び散った。

お市の方は三七歳で散華《さんげ》した。だがこの彼女を祖とする女系図は注目に値する。長女茶々は母お市の方が憎んだ秀吉の妻となり、秀頼の生母として、豊臣家を必死に守って滅びた。次女初は名門京極家に嫁いだ。そして注目すべきは三女のお江である。

第四章で述べたように、お江は三度目の結婚で徳川秀忠に嫁ぐ。その夫は二代将軍になり、彼女の産んだ子どもたちは歴史の中を大きく生きた。長女の千姫《せんひめ》は豊臣秀頼に嫁いで、淀殿のもと豊臣・徳川の抗争に翻弄された。

その一方で息子の家光は三代将軍となり、幕府を盤石なものにした。末娘和子《まさこ》は後水尾天皇の中宮になり、皇女興子《おきこ》が生まれる。興子はわずか七歳で即位し、第百九代明正《めいしょう》天皇となる。第四十八代称徳《しょうとく》天皇（第四十六代孝謙《こうけん》天皇が七六四年に重祚《ちょうそ》）以来、八世紀余を経ての女帝で、一四年間天皇の座にあった。

お市の方の娘は豊臣家を必死に守り滅びたが、孫は徳川将軍となり、曾孫《ひまご》は女帝となった。これほどの華麗な女系図を描く女性は、お市の方をおいて他にいない。

第六章

細川ガラシャ

――光秀の娘が背負った、父の十字架

信長が取り持った結婚

西洋に古くから日本人として最も名を知られた女性・細川ガラシャは〝明智光秀〟という十字架を背負いながら、思想・知識の習得に情熱を注いで深い信仰を得た。聡明で了《りよう》知《ち》に長《た》け、克己《こつき》・自制・義務を重んじ、感情に流されず毅然と運命を受容した賢女であり、宣教師ソロイスは「欧州の王侯《おうこう》にも劣らぬ婦人」と称えた。

天正六年（一五七八）八月、光秀の娘玉《たま》（珠とも）と細川藤孝の息子与一郎《よいちろう》が結婚した。光秀と藤孝は朋友であった。この結婚を取り持ったのは信長で、与一郎は元服《げんぷく》して信長の嫡子・信忠から「忠」の一字をもらい、忠興を名乗る。信長は忠興を小姓に取り立てた。『綿考輯録《めんこうしゆうろく》』（『細川家記』）によれば、信長は光秀に手紙を送り、「その方《ほう》の並外れた智謀をもって、数度の合戦に勝利した喜びはひととおりではない。西国を手に入れ次第、数カ国を与えたいので、気を抜かず軍中に励んでほしい。さて細川藤孝はもっぱら忠義を守り、文武兼備で、息子忠興は器量に秀《ひい》でて志も抜群であり、将来は武門の棟梁になるであろう。（明智、細川の）両家は隣国かつ豪勇で、幸せな婚姻によってなお一層仕合《しあ》わせになるであろう」と述べて、忠興と玉の婚礼を命じた。

婚礼はただちに挙行された。近江坂本城（滋賀県大津市）から、一説では玉は湖水を渡

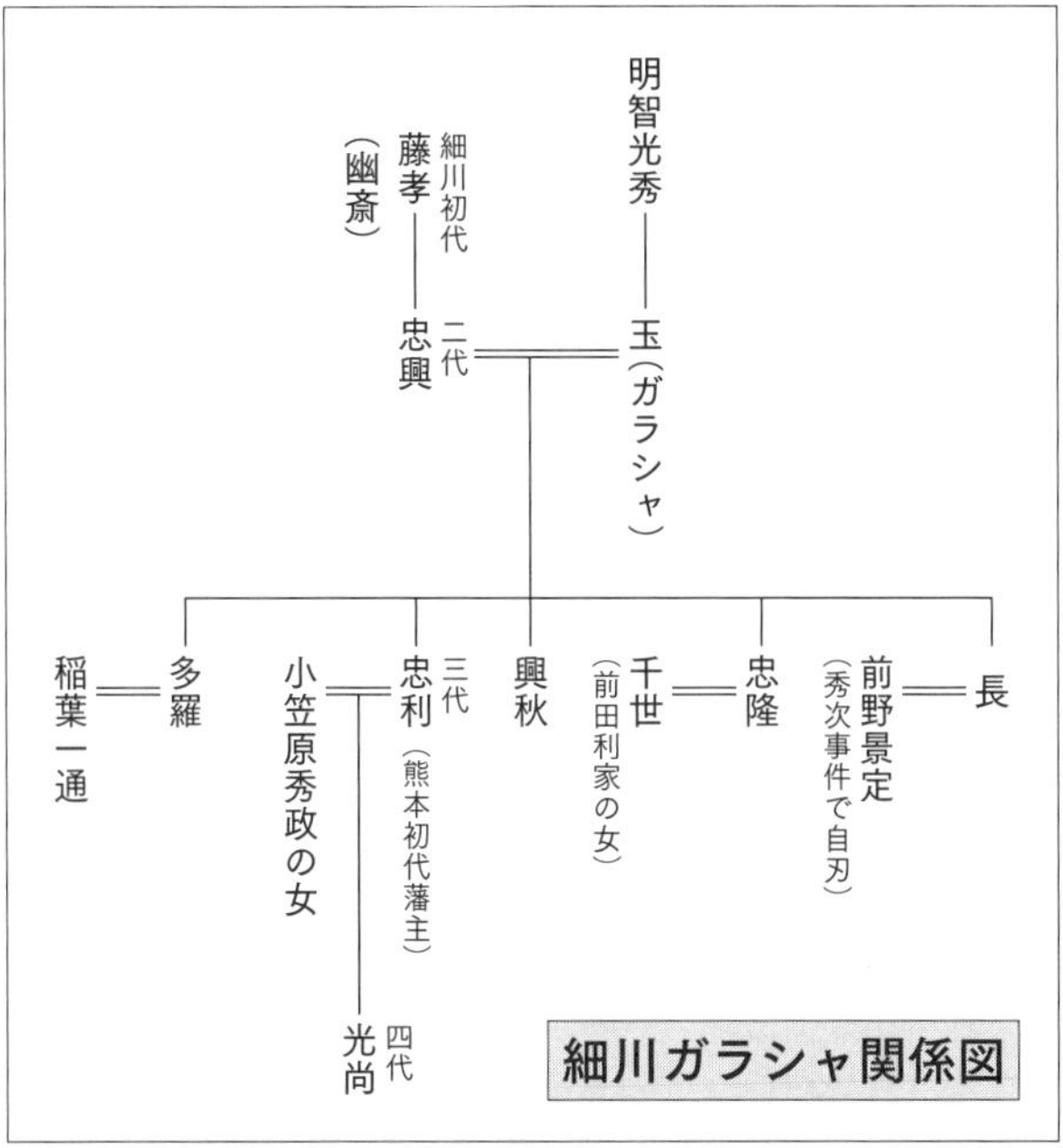

り、宇治川（現在は運航不能）を下り、山崎湊《やまざきみなと》のあたりで降りたとされる。乗り換えた輿に明智左馬助《さまのすけ》が従い、途中で細川家重臣の松井康之《まついやすゆき》が輿を引き取り、玉は隣国山城西岡《やましろにしおか》（京都府長岡京市）の勝龍寺《しょうりゅうじ》城に入った。二人は一六歳で同い年、上品な顔立ちの忠興と美貌の玉は、男雛女雛《おびなめびな》とみまがう似合いの夫婦だった。

　実は、結婚はすでに四年前に決まっていた。天正二年（一五七四）正月、年頭の挨拶《あいさつ》で岐阜城に諸将が集まった際、信長は光秀にもう一人の娘（次女）を津田信澄《つだのぶずみ》に嫁がせるとともに、忠興と玉の婚約を命じていたのだ。

この結婚を誰よりも喜んだのは両方の父親、光秀と藤孝だった。藤孝は丹波平定の際に、武勇に自分より長けた光秀に忠興を預け、光秀は血気にはやる忠興に「降伏してくる者をむやみに殺してはならぬ」などと戦いの術《すべ》を教え、わが子のように可愛がった。また細川氏が丹後国を授かると、忠興・玉夫妻の新居ともなる宮津《みやづ》城の縄張りを引き受け、天橋立《あまのはしだて》を望む宮津湾の海抜わずか六〇センチの浜辺に美しい平城を築いてやっている。

新婚の二人には長女長《なが》と長男忠隆《ただたか》が誕生し、順風な日々に玉は満たされていた。だが結婚四年（天正十年）、細川家の安住は打ち砕かれる。光秀が信長を京都本能寺に奇襲して討ち果たしたからだ。

忠興は光秀が愛宕百韻《あたごひゃくいん》を開いた愛宕下坊の僧から、謀反翌日の六月三日に信長・信忠父子の自刃を知らされ仰天する。藤孝・忠興父子は縁戚関係にある光秀よりも、丹後一二万石の大名に取り立ててくれた主君信長の恩を優先した。藤孝は即座に剃髪《ていはつ》して幽斎《ゆうさい》と号して喪に服し、忠興は妻が光秀の娘ながら、自らも父に従い髻《もとどり》を切り光秀を拒絶した。

この時、家臣は玉に自害するように勧めたという。そうすれば細川家は安泰だからである。これに玉は「いまここで自刃すれば親孝行になるでしょう。だが吾《われ》は嫁いだ身、夫忠興殿の命《めい》を待たず死ねば、それは三従《さんじゅう》の誡《かい》を破ることになりまする」といって突っぱねた。

復元された勝龍寺城。ガラシャが嫁ぎ、山崎合戦の時は光秀が陣を構えた（京都府長岡京市）

ガラシャ・忠興夫妻の銅像（勝龍寺城）

三従の誡とは「家にあっては父に従い、嫁としては夫に従い、夫の死後は子に従う」という女性が従うべき三つ道のこと。夫の命なしに自害はできぬときっぱり拒否したのだ。

そして九日、光秀の使者が細川家に来る。「父子で髻を払ったこと、いったんは腹立たしくもあったが気持ちはよく分かる。それでも加勢を頼みたい。摂州《せっしゅう》を用意したが、希望とあれば若狭《わかさ》でもかまわない。このたびの不慮の儀は、十五郎（光秀の長男光慶《みつよし》）、与一郎（忠興）殿を取り立てるため以外に別儀はない」との手紙を届けた。これをもちろん細川父子は拒否し、弔い合戦を標榜して上洛する羽柴秀吉に味方した。

離婚に見せかけて幽閉

本来なら玉との離婚が常道だが、忠興は、すでに一男一女を産み、美貌の上に心根も爽《さわ》やかな玉を深く愛していて手放せなかった。もちろん玉に自害を強要することなどもってのほかだった。忠興はただちに羽柴秀吉に使者を送って恭順の意を示す一方、玉を守るために離婚に見せかけて、奥丹後半島の山深い秘境・味土野《みどの》（京都府丹後市弥栄《やさか》町）に隠したのである。

玉は幽閉されてすぐ、父光秀の小栗栖での死、また母熙子や姉妹・弟も坂本城に火を放って自決したことを知る。逆賊の娘となった玉は肉親を失った悲しみに必死に耐え、子とも引き裂かれ、数人の侍女と兵士に守られて生きることを強《し》いられた。

しかも玉は夫忠興に裏切られた。玉がいながら、お藤《ふじ》という女を囲い、玉が幽閉されて四カ月後、おこほという女子を出産したのだ。

さらに父光秀が、奥丹後守護の一色義定《いっしきよしさだ》と忠興の妹伊也《いや》の結婚を取り持っていたが、義定が光秀に味方したため、秀吉の命令で九月に忠興が宮津城に義定を呼び謀殺したことを知る。

ガラシャが幽閉された味土野の女城跡に建つ「隠棲地」の石碑

伊也は結婚二年、夫を殺した忠興を許せなかった。宮津城に引き取られると、五つ年上の忠興に懐剣《かいけん》で切りつけ、鼻に横一文字の傷を負わせた。この傷は光秀に味方しなかった忠興の顔に一生残り、忠興の家臣たちに複雑な念を抱かせ、顔の傷を口にすることは細川家では禁句になった。伊也はその後、吉田社祠官《よしだしゃしかん》・吉田兼治《かねはる》に再嫁させられた。

玉は夫忠興への怒りに心が震え、この世にいない親兄弟姉妹への哀惜《あいせき》に涙して、孤独の奈落を彷徨《さまよ》う。そんな中で、味土野は雪に埋もれる季節を迎えた。

幽閉地は女城と男城からなる。登ってくる一本道を見下ろす山頂部を削平《さくへい》し、監視兵を常駐させたのが男城で、男城から谷を挟《はさ》み三〇〇メートルに、玉が住む女城があった。

女城に石垣はもちろんない。南からせり出す舌状《ぜつじょう》地《ち》の先端を二〇×一五メートルの長方形に削《けず》っており、まるで天守台の跡地に見える。北向きの女城は、冬は積雪が三メートルにもなったが、深い谷から吹き上がる風で、雪は吹き飛んでしまう。ここに昭和十一年(一九三六)、地元の婦人会・女子青年団が作った「細川忠興夫人隠棲地」の碑が建つ。

過酷な自然と孤独に玉の精神は傷つき、笑顔が美しかった彼女は、笑わない、鉄の衣を纏《まと》う女へと変化する。そんな中で玉は次男興秋《おきあき》を産む。玉は妊娠した体で幽閉されたのだ。

味土野での玉の慰《なぐさ》めは、侍女いとの存在だった。細川家と姻戚関係がある清原枝賢《きよはらえだかた》の娘で、枝賢は儒者ながらキリシタンだった。いとは子どもの時から父の影響でキリスト教に親しみ、玉にその西洋の神の慈悲深さを話した。玉は強い関心を抱くようになる。

幽閉二年、秀吉は天下を掌中にして大坂城を築き、家臣らを城下に住まわせる。この時に、忠興の玉への気持ちを知り抜いていた秀吉は、忠興に玉を大坂に呼び戻すことを許した。

しかし、玉は味土野をなかなか出ようとしなかった。夫が側室を持ち、子までできているることが許せなかった。父光秀も舅《しゅうと》幽斎も潔癖で、ともに側室を持たず、正室しかいなかったからだ。それでも、やっと玉は大坂屋敷に入る。玉から昔のふくやかさは消えていたが、今度は凍《こお》りつくような冷徹な美しさがあった。

ところで忠興は「天下一の短気」といわれ、荒々しい気性で、しかも大変嫉妬深かった。玉の美貌を改めて目の前にして、玉を自分一人の独占物にしたい気持ちから、屋敷外に一歩として出ることを許さないばかりか、家臣からも隔離する異常さを見せた。

ある朝、手水《ちょうず》に出た玉が庭にいた植木職人に声を掛け、男が一礼した。それすらも忠興は許さず、一刀のもと男の首をはねた。その様を直視した玉もまた非情で、表情一つ変えなかった。これに怒った忠興は男の生首を膳《ぜん》に載せ面前に置くが、玉は動じなかった。たまりかねて、「お前は蛇だ」と忠興がなじると、「鬼の女房に蛇はよくお似合いでしょう」と、玉は平然といってのけた。

そんな夫から逃れたい気持ちが強かったが、一族が滅びた玉にとって、帰るべき場所はどこにもなかった。また細川家を守るために光秀に味方しなかった夫を理解しながらも、血縁のすべてを失った玉から、やり場のない憤《いきどお》りは消えなかった。彼女は鬱《うつ》状態に陥って、怒りやすく、一日中部屋に閉じ籠もり、わが子さえ顧《かえり》みようとしなくなる。

顔を隠して教会へ出向く

だが閉ざされた玉の心に暖風が吹きはじめる。忠興が秀吉の命で出陣した小牧長久手の戦いは長陣になった。親交のあったキリシタン大名・高山右近《たかやまうこん》と一緒で、しかも陣した村にキリシタン農民が多かった。西洋の神を信じる農民のことを手紙で知らせると玉が喜ぶので、忠興は右近にさまざまなことを聞いてまた知らせた。夫の手紙から玉はキリスト教にますます強い関心を抱くようになる。

三年後の天正十五年（一五八七）三月、忠興は島津《しまづ》氏討伐で九州に遠征した。この留守に教会に出向いた清原いとは、セスペデス神父から洗礼を受けマリアと呼ばれる。玉は我慢できず、侍女の打掛《うちかけ》で顔を隠して門番をごまかし、ついに教会に出向いた。

『日本年報一五八八年二月二十日付けフロイス書簡』には、「玉は六、七人の侍女にまじって修道院に着く。ちょうど復活祭にあたっていたので教会は清潔できれいに飾られ、祭壇にある救世主の美しい画像を見て大いに満足だった。玉は我らの掟《おきて》と教えの内容を知りたいと願った。そこで日本語が話せるゴメス修道士に説教させ、質問に答え、教理を説明させた。彼女は長い時間聴《き》いた後、日本の宗派の道理で激しく論争を仕掛け、我らの教えについて論議した。修道士は日本でこれほどの理解力を持ち、日本の宗派をよく知っている婦人は見たことがないと驚いた」(概略)とある。

玉の好奇心は賛嘆と信心に変わり、すべての説教を聞き、キリシタンになりたいと思い始めたと『日本年報』はいい、司祭を異教徒だらけの屋敷に派遣できないことから、清原マリアが説教を聞き、玉にその内容を伝え、また質問もマリアを通じて応答が行なわれた。さらに当時、和訳聖書はなかったが、玉は聖書を読みたいばかりに、辞書を手にラテン語を覚え、独学で聖書を読んだ。またポルトガル語も勉強して、セスペデス神父に手紙を認《したた》められるようにまでなる。

なかなか教会に出向けない玉に、教会は清原マリアを司祭の代理として洗礼を授《さず》け、ガラシャ(Gratia =伽羅舎=恩寵《おんちょう》の意)の洗礼名を与えた。玉は二五歳であった。玉が受洗したのは、その教理に心服したことがもちろん第一だが、九州で秀吉がキリシタン禁制を敷いたことも大きな動機で、宣教師や信者を殺すなら、自分も殉教したいと願ったからだったとされる。

玉はガラシャと呼ばれるようになると、怒ることが罪と知って、心を入れ替え、子どもと笑顔で遊ぶようになり、オルガンまで弾《ひ》き、カステラも焼いた。日曜日は休日にして侍女たちをいたわり、貧しい人々へ施《ほどこ》しもした。

帰還した忠興は玉がキリシタンとなったのを知ると激怒し、首に短刀を突き付けた。さらに一七人の乳母・侍女たちが洗礼を受けていたが、彼女たちの鼻や耳をそぎ、髪の毛を切って棄教《ききょう》を迫る。だがガラシャは夫に屈せず、むしろ殺されることを望んだ。忠興は妻の強い意志に負けた。短刀を突き付けてみて、逆に妻への深い愛を知ったのである。

キリシタンになったガラシャや侍女に忠興が目をむいたのは、キリシタン禁止令によって明石《あかし》六万石の高山右近が追放されたことによる。同じことが細川家に起きることを恐れたのだ。だが秀吉のキリシタン禁制がすぐに緩《ゆる》むと、忠興は手のひらを返すように、逆に玉の機嫌を取って、屋敷内に聖堂をつくり、孤児院の建設も許した。

ガラシャが才媛の妻なのに対し、忠興もまた千利休《せんのりきゅう》の七哲《しちてつ》の一人として茶の湯を極め、絵も描き、歌にも秀《ひい》でていた。だから『綿考輯録』は、夜の営みにもこんな一夜があったと記す。忠興はガラシャの御殿に入って、「小夜《さよ》更けて入《いり》たる物は何やらん」と仰《おお》せになると、「灯《ともし》火《び》消《きえ》て閨《ねや》の星かげ」と彼女は応じたという。

二人の間には三男三女、計六人の子どもが生まれた。このほかに忠興は二人の側室に二男一女を産ませている。

その忠興に心配なことがあった。それは秀吉の存在だった。ガラシャに会って、その美貌、才女ぶりを見てみたいという秀吉の魂胆《こんたん》を知っていたからだ。

気が気ではない忠興は「なびくなよわが姫垣の女郎花《おみなえし》　男山より風は吹くとも」と歌を妻に送る。ガラシャは「なびくまじわが籬垣《まぜかき》の女郎花　男山より風は吹くとも」と返して、忠興を安心させた。

だがガラシャに秀吉から、大坂城に来るように呼び出しがかかる。秀吉が大名夫人の体を求めるという噂を彼女は知っていた。だが秘策があった。

ガラシャは秀吉と対面する。相好を崩してソワソワする秀吉に、深々と頭を下げた。その時である。懐から畳の上に懐剣がポトンと落ちた。それはいざの際、自害も辞さない強い覚悟を物語っていた。秀吉はびっくりしてガラシャに手を出さず、そのまま帰した。もちろんガラシャが仕組んだ芝居だった。

豊臣政権への不信感

細川家にしばし平和の日が訪れたが、文禄《ぶんろく》四年（一五九五）七月に忠興・ガラシャ夫妻を震撼《しんかん》させる事件が起こる。関白・豊臣秀次《ひでつぐ》（秀吉の甥）が、謀反の罪で高野山に追放されたのだ。

夫妻の長女である長《なが》は、墨俣《すのまた》一夜城の戦いで武功を立て、秀吉の参謀になった前野長康《まえのながやす》の嫡子景定《かげさだ》に嫁いでいた。秀吉は秀次の後見役に長康を指名し、景定もまた秀次を補佐したことから、忠興も秀次と自《おの》ずと親しくなった。

だが秀吉に秀頼が生まれ、甥の秀次を跡継ぎにしたことを後悔する。石田三成ら側近は秀吉の心を忖度《そんたく》して秀次謀反をでっち上げた。時に忠興は黄金一〇〇枚を秀次から借りており、しかも娘は秀次側近の妻だった。これを三成は問題にし、秀次に一味したとして忠興に閉門《へいもん》を命じ、長を秀吉に差し出すように要求してきた。

忠興は冤罪《えんざい》ながら切腹を覚悟する。またガラシャは前野父子が断罪されれば、死はまた長に及ぶと判断した。自ら味土野に幽閉された経験を生かし、忠興と相談して、一七歳の長を早急に離婚させて連れ戻し、剃髪《ていはつ》させた。

忠興はまた黄金を返そうとしたが、備蓄米はあっても金子《きんす》はなく、万事休すかと思われた。その時、徳川家康が見かねて黄金一〇〇枚を何もいわずに貸してくれたのである。

家康に救われて黄金を返却できたことで、忠興の閉門は解かれた。景定は切腹を命じられたが、妻の長は許されて、秀吉への召し出しも取り消された。

この事件で忠興・ガラシャ夫妻は豊臣政権に不信を抱き、ことに細川家を敵視した三成を憎んで、家康に急接近するきっかけになる。

三成対家康の対決が鮮明になった慶長五年（一六〇〇）、秀吉はすでに亡く、関ヶ原合戦の三カ月前、家康に味方する諸将は大坂城下に妻を残して会津の上杉《うえすぎ》氏討伐に向かう。家康に恩義を感じる忠興は、率先して家康に従い、ガラシャは夫の行動に賛意を送った。

三成は家康に従軍した大名を牽制《けんせい》するため、大坂在住の夫人たちを人質として大坂城に収容しようとした。側近はガラシャに宮津に避難するよう勧めたが、「夫は逃げることを許す人ではない」として、自死の道を選んだ。そうすれば関東にある夫や息子たちが自由に戦えると判断した。さらにそれは、自分が明智光秀の娘であるという気概と、キリシタンとなって絶えず殉教を意識するようになったガラシャの研《と》ぎ澄《す》まされた精神が、帰着できる落とし所でもあった。

■死の前の祈り

かくて七月十七日、ガラシャを大坂城に収容しようとする使者が細川屋敷に来る。彼女は一緒に死にたいと願う嫡子忠隆の妻千世《ちよ》を許さず、屋敷内にいた側室阿喜多《おきた》にも「ここで死んではならぬ」と命じ、泣いてすがる侍女たちにも退去を命じた。

ガラシャは死装束《しにしょうぞく》に着替えると、聖堂にカンテラを点《とも》し最後の祈りを捧げた。キリスト教では自殺は許されぬ。そこで留守家老の小笠原少斎《おがさわらしょうさい》に自分を殺すように命じた。

『綿考輯録』はガラシャの最期を克明に記す。

――ガラシャは「少斎、介錯《かいしゃく》を頼み申す」と声を掛ける。その仰せにかしこまって長刀をさげ、老女を先に立てて来ると、ガラシャは髪を手ずから上にきりきりと巻き上げた。少斎が「左様《さよう》ではございませぬ」と申し上げると、ガラシャは「承知いたした」といって、着物の胸元を両方へぐいっと押し開いた。少斎は御座《ござ》の間《ま》（貴人の部屋）に入るのは恐れ多いとして敷居《しきい》を隔《へだ》てていた。そこで「今少しこちらにお出ましくださいませ」と願う。ガラシャは敷居に近づき、畳に座り直したところを、少斎の長刀が胸元を突き通した。

ガラシャ享年三八。侍女霜女《しもじょ》に辞世を託した。「ちりぬへき時しりてこそ世の中の　花も花なれ人も人なれ」（『綿考輯録』巻十三）にガラシャの覚悟のほどが窺われる。

少斎は遺骸を蔀《しとみ》と遣戸《やりど》で覆って、鉄砲の薬をまいて火を放つ。夜八時、細川屋敷は紅蓮の炎に包まれた。

ガラシャの死は衝撃的だった。三成方は奥方人質作戦を中止した。山内一豊の妻千代はガラシャと同様に、人質収容の迎えが来れば自刃を決めていた。また黒田官兵衛《くろだかんべえ》・長政《ながまさ》父子の二人の妻は、警戒が厳しく大坂を脱出できずにいたが、細川家の炎上騒ぎで警戒が緩む隙《すき》をついで船で大坂湾に脱出し、豊後《ぶんご》の中津《なかつ》城に帰ることができた。ガラシャの死は多くの大名夫人の危機を救ったのだった。

関東にあった忠興と息子たちはガラシャの死の六日後、家康のもとに向かう小出吉政《こいでよしまさ》の家中の者から知らされる。細川三五〇〇の兵は彼女の志を無《む》にすまいと岐阜城を攻めた。総力戦で三分の一の死傷者を出し、関ヶ原本戦も忠興が敵と槍を合わせる苦境に陥ったが、傷つきながらも家康の勝利に貢献した。

一方、宣教師オルガンティノは焼け跡に人をやり、ガラシャの何片かの骨を収容した。翌年、忠興は一〇〇〇人を集めて教会で盛大な葬儀ミサを挙行し、この骨を崇禅寺《そうぜんじ》（東海道新幹線新大阪駅近く）に葬った。

忠興は丹後一二万石だった。家康はその忠興に、ガラシャの功績をも大きく賛美して豊《ぶ》前《ぜん》小《こ》倉《くら》で三二万石を与える。

憎しみ合うことも多かった夫婦だが、忠興のガラシャへの愛はなお深く、小倉に転封《てんぽう》されると妻を偲《しの》んで南蛮寺《なんばんでら》を建立し、炎に焼かれるガラシャの半身画像を納めたとされる。しかし徳川幕府のキリシタン禁制によって、慶長十八年（一六一三）に寺は破却《はきゃく》された。いまガラシャを追悼する鐘は、細川家の九曜《くよう》の家紋を刻み込んで残る。

細川家はその後、熊本藩五四万石となり、藩主光尚《みつなお》は祖母ガラシャの死から四八年後、敬愛する祖母を深く知りたく、その死を見届けた侍女霜女を探し出し、祖母の最期を聞いた。しかも聞くだけでは飽き足らず、「霜女覚書」として長さ一・二メートルの巻物に残し、大切に保管した。歴代藩主はガラシャを謀反人の娘としてではなく、細川家の基礎を築いた偉大な先祖の一人として敬愛した。

こうした細川家の評価を待つまでもなく、ガラシャは勇気ある烈女《れつじょ》、戦国一ともいわれる稀代《きたい》の才媛、武士の妻の鑑《かがみ》、信仰に生きた信念の人など、多彩な側面を持つ女性として現代の人々をも魅了してやまない。

第七章

春日局《かすがのつぼね》

――光秀の姪孫《てつそん》が江戸城大奥に君臨するまで

■死体を見詰めていた少女

数え四歳の少女は、京都東山《ひがしやま》の青蓮院《しょうれんいん》近くにあった京都七口の一つ・粟田口《あわたぐち》で、磔《はたもの》（磔《はりつけ》）にされ腐敗が進み、黒々とした二つの骸《むくろ》を、唇を噛《か》みしめながらじっと見詰めていたといわれている。その小さな心は何を感じたであろうか。辛《つら》く、悲しく、怖い記憶は、生涯彼女の中で、拭《ぬぐ》っても拭っても消えない痛みとなった。「私は謀反人の娘なのだ」――この重荷を背負って生きることになる少女の名はお福《ふく》、後に江戸城大奥に君臨した春日局《かすがのつぼね》である。

骸の一つはいつも膝に抱いて遊んでくれたやさしい父の斎藤利三《さいとうとしみつ》であり、もう一人は明智光秀、つまり祖母の兄であった。光秀からみると、お福は妹の孫。これを姪孫《てっそん》という。

お福（春日局）の肖像画は二つある。一つは東京湯島《ゆしま》の菩提寺・麟祥院《りんしょういん》にあり、六一歳の還暦を祝って、三代将軍・徳川家光が狩野探幽《かのうたんゆう》に描かせたものである。もう一つは京都妙心寺《みょうしんじ》の塔頭《たっちゅう》・麟祥院に伝わる。落款《らっかん》はないが、絵師は同じく探幽で、五六歳の姿という。幼い時に重い天然痘を患《わずら》い、アバタ面になってしまったというだけに、どこか表情が痛々しく見える。だが注目したいのは几帳《きちょう》に立てかけた長刀《なぎなた》である。女性の肖像画に武器が描かれるのは非常に珍しい。彼女がいかに武勇に長《た》けていたかを誇示する一方で、いつも鋭利な刃物を心に抱いて生きてきたことを物語る。

そのお福は天正七年（一五七九）に斎藤利三を父とし、お安《あん》（於阿牟《おあむ》とも）を母に生まれた。お福の出生地は確定されていないが、奥丹波の黒井城《くろい》（兵庫県丹波市春日町）でまず間違いないであろう。

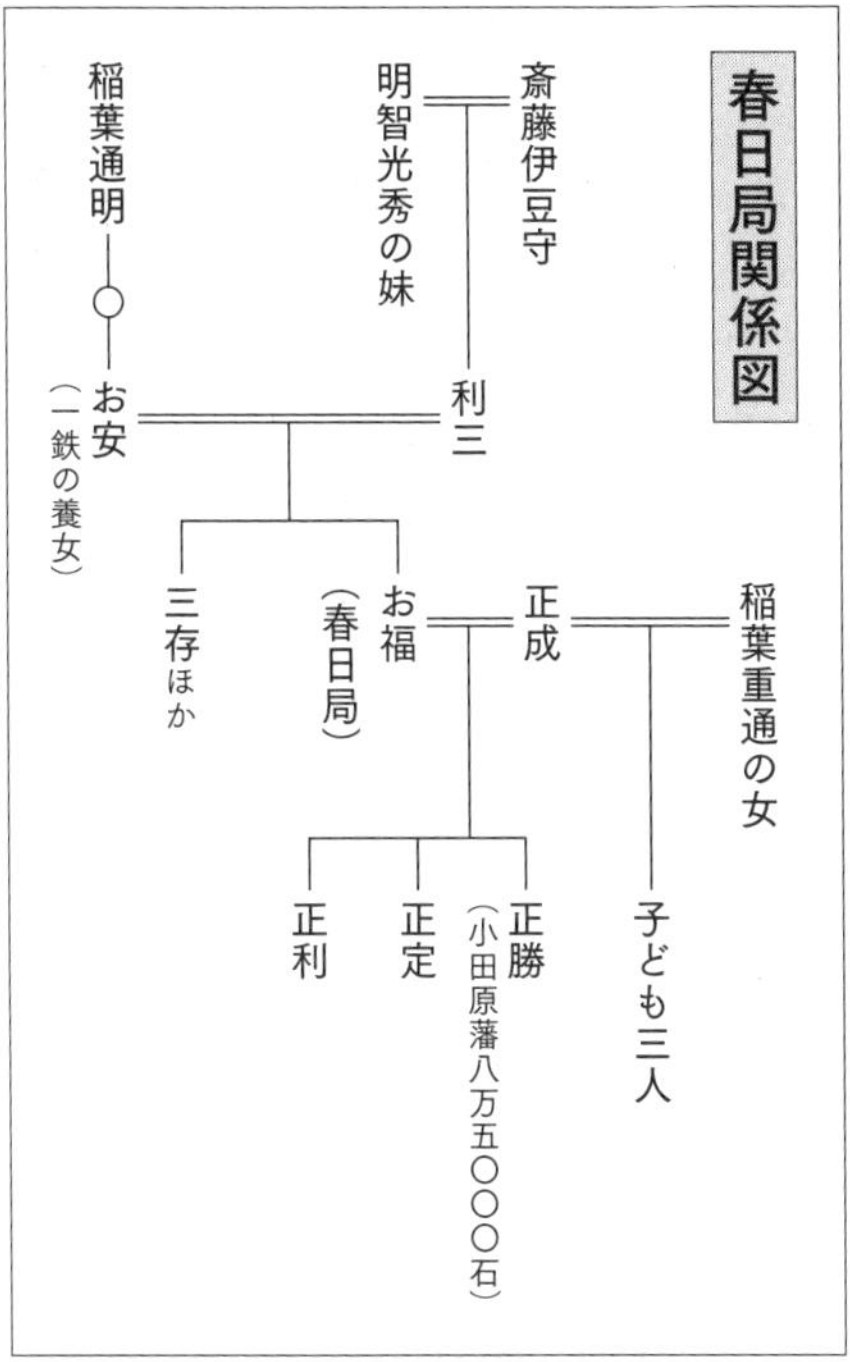

実はお福の誕生と、光秀の丹波攻略が密接に関係していた。光秀は信長の命令により、天正三年（一五七五）から丹波に兵を入れ、抵抗勢力の掃討作戦を開始するが、八上城《やがみ》（同県丹波篠山市）の波多野《はたの》氏と連携して一歩も引かなかったのが氷上郡《ひかみ》（全域が丹波市）の赤井《あかい》氏だった。この氷上

郡に君臨した荻野悪右衛門直正《おぎのあくえもんなおまさ》の黒井城攻略に光秀はてこずった。

悪右衛門は宗主《そうしゅ》赤井氏の生まれで、伯父の荻野和泉守秋清《いずみのかみあききよ》が家臣の叛逆で謀殺された後、黒井城主となった。この時、姓を赤井から荻野に変え、悪右衛門直正と称し、宗家の兄赤井家清《いえきよ》が死んだことで、赤井・荻野一族の総帥《そうすい》となった。悪右衛門は標高三五六メートルの猪ノ口山《いのくちやま》にある黒井城を徹底的に改造拡大して、名だたる中世山城にした。

黒井城は不落を誇り、二度攻めた明智軍を寄せ付けなかった。だが天正六年三月、悪右衛門が死に、八上城陥落直後の翌七年八月九日、ついに光秀は黒井城を攻略した。この丹波での戦いで活躍した利三は、光秀から丹波二九万石のうちの一万石をもらって、黒井城の城代となり、氷上郡の経営にあたった。

幸いに黒井城とその城下は戦火による被害は軽微で、利三は妻子を伴いただちに黒井の地に入った。時にお安は身重だったが、すでに七人の子をなしており、大きなお腹を抱えて亀山城下、もしくは坂本城下から黒井城に移り、すぐに生まれたのがお福だった。

■父は本能寺の変のキーマンだった

黒井城の麓に興禅寺《こうぜんじ》がある。かつて斎藤屋敷と呼ばれ、現在も寺の前に七間堀《しちけんぼり》といわれる長さ八〇メートルの箱堀が残り、高さ五メートルの石垣は野面積《のづらづ》み（加工していない自然石で築くこと）である。境内の庭に幼いお福が腰を掛けたとされる「お福石」、本堂の裏には産湯《うぶゆ》に使ったとする「お福井戸」がある。この地はかつて春日部荘《かすがべのしょう》と呼ばれ、春日局の称号もこの地にちなんだ可能性が指摘される。

『寛政重修諸家譜』によれば、利三の最初の妻は斎藤道三の娘とされる。お安とは再婚

斎藤利三の居館跡とされる興禅寺から背後の黒井城跡を望む（兵庫県丹波市）

興禅寺に残る、お福産湯の井戸

で、「稲葉《いなば》右京進《うきようのしん》某《なにがし》が女《むすめ》」とあり、信長の美濃進出に協力した美濃三人衆の一人である稲葉《いなば》一鉄《いってつ》（良通《よしみち》）の一族だった。お安は一鉄の兄通明《みちあき》の孫娘とみられ、通明の戦死により一鉄の養女になって、利三と結婚し、利三は一鉄に属した。ところが江戸後期の随筆『翁草《おきなぐさ》』に、一鉄と利三との折り合いが悪く、利三は恨みを持つことがあって一鉄のもとを去ったとある。

その利三について、『徳川実紀《とくがわじつき》（東照宮御実紀・巻九）』は、お福は「光秀の妹の子斎藤内蔵助《くらのすけ》利三の女《むすめ》」と記す。また『系図纂要』所収の「明智系図」も、光秀の妹を「斎藤伊豆守妻、斎藤利三母」としている。つまり利三の母は光秀の妹で、光秀にとって利三は甥にあたる。その利三を光秀は高禄で召し抱え、重臣としたのである。だが利三を光秀に取られた一鉄は信長に訴えた。一鉄を粗略《そりやく》には扱えない信長は光秀に、利三を一鉄に返すよう命じたが、光秀が拒むと、信長は怒って光秀の髪をつかみ、頭を敷居に何度も打ち付けた。この遺恨が本能寺の変に結びついたともされる。

さらに光秀は信長と長宗我部《ちようそかべ》元親《もとちか》の取次役で、利三が主にその任に当たっていた。利三の兄石谷《いしがい》頼辰《よりとき》の義妹が元親の正室だったからである。長宗我部氏は信長の信任のもと、長く四国平定の戦いをしていたが、天正九年に信長は四国政策を変更し、長宗我部氏を排除しようとした。すでに触れたが、信長はわが子の信孝を三好康長《みよしやすなが》の養子とし、讃岐を信孝に、阿波《あわ》を三好康長に宛がい、信孝が大将となって、長宗我部討伐に向かおうとしていた。面子をつぶされた怒りは、光秀よりも、利三の方が大きかったであろう。だから利三は本能寺の変のキーマンとされる。粟田口に磔《はりつけ》にされたのが光秀と家臣の利三のみであったことも、これを証明しているといえよう。

丹波亀山城外堀沿いの南郷公園に建つ光秀像。お福４歳の時、父利三が光秀に従い、ここから本能寺に出撃した

光秀が天正五年に築いた丹波亀山城は本能寺への出撃基地となったが、ここにも利三の屋敷があった。この時、家族は亀山城下におり、利三はお安・お福ら妻子としばしの別れの膳を囲み、軍装を整えて出撃していった。これが利三とお福の永遠の別れとなった。なお、お福の実兄で一六歳の利光《としみつ》（後の利宗《としむね》）、腹違いの一九歳の兄甚平《じんべい》も従軍した。

本能寺の変は成功したが、山崎合戦に敗れた。小栗栖で光秀は死に、利三も戦線を離脱した。また兄甚平は討ち死にした。

戦場となった山崎と亀山城下は、山を一つ隔《へだ》ててすぐの距離にあった。亀山城は大混乱に陥る。翌日、秀吉軍が攻め寄せる直前、お安は末っ子のお福らまだ幼い四人の息子と三人の娘たちを連れ、中間《ちゆうげん》ら使用人に守られて亀山城下を脱出した。愛宕山の北を迂回し、京都の北部に出て、比叡山にたどり着く。坂本に降りようとしたが、秀吉軍が坂本城を包囲して近寄れず、やむなく京都に身をひそめた。

父の出陣を見送った地に戻る

『惟任謀反記』によれば、利三は堅田《かただ》のあたりに隠れたが、搦《から》め捕《と》らえられ洛中《らくちゆう》を引き廻された後、六条河原《ろくじようがわら》で処刑され、光秀とともに粟田口で首と躰《からだ》をつないで磔にされたとある。

『惟任謀反記』は、敵将ながら利三を「惜しいかな、利三、平生嗜《たしな》むところ、啻《ただに》武芸のみに非《あら》ず、外には五常《ごじよう》（仁義礼智信）を専《もつぱ》らにして、朋友《ほうゆう》と会し、内には花月を翫《もてあそ》び、詩歌を学ぶ。今、何すれぞ、此の難に逢《あ》はんや」と、逆賊ながら文武両道に秀でた武将として讃え、死を惜しんでいる。

その利三の、機《はたもの》にされた無残な姿を幼いお福は見たのである。『翁草』は「真如堂《しんによどう》の東《とう》陽坊長盛《ようぼうちょうせい》と画家の海北友松《かいほうゆうしょう》が刑場を襲った。二人は利三とともに、千利休に茶を学んだ親友だった。友松が番人と闘い、騒然となったところを長盛が利三の首を奪って、袖に隠して逃げ、真如堂に葬った」と、その夜のことを記す。この二人はお安とお福ら母子を延暦寺の山下に匿《かくま》い、財産を与え衣食を繋いだ。この父利三の親友二人に支えられて、お福らは一番困難な時を切り抜けた。

土佐の史料によれば、お福は兄（五男）の三存《みつなか》と、岡豊《おこう》城（高知県南国市）の長宗我部元親を頼った。信長が死んだことで、長宗我部氏は土佐高知の大名として秀吉時代は存続した。その土佐にしばらくいた後、『清閑雑記《せいかんざつき》』には、三存は土産右衛門《どさんえもん》と称して現在の高知市朝倉町に残り、お福は京都に戻ったとある。

この頃であろうか、お福をまた不運が襲う。重い天然痘を患い、きれいな顔がアバタだらけになってしまう。それに負けまいとお福は剣術に打ち込み、苦しみに耐え抜く。

京都に戻ったお福は一鉄の正室が公家の三条西家《さんじょうにしけ》だった縁で、奉公に上がり、行儀見習いも兼ねて侍女として数年を過ごした。

お福が結婚したのは一七歳の時で、相手は稲葉正成《まさなり》、二五歳。『寛政重修諸家譜』によれば、稲葉氏は林《はやし》氏と境を接して戦いを繰り返した。その和睦として林政秀《まさひで》の次男・正成が稲葉一鉄の庶長子・重通《しげみち》の娘と結婚して聟養子となった。だが重通の娘が死んだため、すでに重通の養女になっていたお福が、三人の子がいる正成の後妻に入ったのだ。

それは正成が多くの武功をたて、秀吉の目に留まり、秀吉の養子・小早川秀秋《こばやかわひであき》（当時の名は豊臣秀俊《ひでとし》）の家老になっていたことによる。すでに一鉄が他界していた稲葉氏において、正成は一番の出世頭で、稲葉家に繋ぎとめておきたく、お福と再婚させたのである。

かくて文禄四年（一五九五）、お福が結婚して住んだのが丹波亀山城の武家屋敷だった。本能寺に向かう父利三と別れたゆかりの地に、一三年ぶりに戻って感慨を新たにした。

だがこの年七月、前述した関白秀次事件が起こり、その妻妾と子ども三十数人が亀山城に移された。一時、秀秋にも連座の嫌疑がかかり、その見せしめに妻妾の収容先に亀山城が選ばれたとされる。翌月、彼女らは京都に戻され、全員が処刑された。お福はそのむごさに身震いするとともに、亀山城を離れることになる。秀秋は当時、秀吉と小早川隆景《たかかげ》の両方の養子で、宙ぶらりんな存在だったが、秀吉は秀秋を豊臣家から切り離した。秀秋は丹波亀山城から隆景の居城・筑前名島城《ちくぜんなじまじょう》（福岡市）に移ることになったからである。

お福もまた名島城下に引っ越す。面白いのは、秀秋は丹波亀山一七万四〇〇〇石だったが、名島では隆景が隠居し、家督を秀秋に譲ったため五二万石となったことだ。正成は家老として五万石の大禄を食《は》む。お福には信じられない豊かな生活が待っていた。ここ名島でのお福の武勇伝が伝わる。屋敷に強盗が押し入った。お福は長刀を振るって二人を討ち取り、残る者たちをも追い払ったという。

■関ヶ原合戦を境に

だが秀秋に難題が持ち上がる。朝鮮再出兵に元帥（総大将）として派遣された秀秋が、まるで一兵卒のように敵陣に斬り込み、刀を振り回した。その行為を軽率と石田三成が秀吉に進言し、秀吉は慶長二年（一五九七）六月、秀秋を越前一六万石に減封の処分を下した。これに秀秋がごね、徳川家康が間に入って何とか穏便に収めようとしたが、秀吉は許さないまま翌年に他界した。この折衝で正成は家康と懇意《こんい》になる。しかも家康ら五大老は秀秋を名島城に復帰させた。秀秋・正成主従は家康に恩義を感じることになった。

関ヶ原合戦で正成は家康に通じ、松尾山《まつおやま》に布陣した一万五〇〇〇の小早川軍は、家康に味方する手はずを整えた。だが秀秋に迷いが生じた。秀秋は秀吉の養子である。それが家康に味方するとはもっての外と、同じ養子の宇喜多秀家《うきたひでいえ》らから非難された。さらに三成から「秀頼が一五歳になるまで、関白の座を用意する」との懐柔《かいじゅう》策に心が動く。

その迷いから秀秋は決断できず、戦いが始まっても松尾山を動かなかった。この間、必死に正成は家康方に付くように説得を続けた。最近では事実ではないとの指摘もあるが、しびれを切らした家康は松尾山に向かって威嚇《いかく》の鉄砲を放たせた。その銃声に怯《おび》えて秀秋は西軍に攻めかかった。このあまりに遅い決断が、互角だった戦いの潮目を変えて、東軍を勝利に導《みちび》いた。

家康は秀秋に備前・備中・美作《みまさか》七二万石を与えて岡山城の太守とした。だが秀秋は裏切り者の烙印《らくいん》を押されて世間の批判を浴び、精神を病む。狂気の人と化した秀秋は幻覚に操られるように小姓を殺し、また老臣杉原《すぎはら》紀伊守《きいのかみ》の命をも奪う。

正成が諫《いさ》めると、「お前が豊臣家を裏切れといった」などと責めたようだ。身の危険を感じた正成はお福にも甲冑を着せ、子どもを真ん中に、夜中、追手を警戒しながら岡山城下を脱出した。『寛政重修諸家譜』には「慶長六年十一月政事《まつりごと》によりてしばしば秀秋を諫め、其言《そのげん》用ひられず。こゝにをひて一族を携へ、兵器を備へ、甲冑を帯して備前国を去《さり》、本国美濃国にいたり、谷口に閑居《かんきょ》す」とある。こんな形で主君を見限ることになるとは、さすがに正成もお福も思わなかったであろう。翌年、秀秋は二一歳（二六歳説も）で死んだ。

■江戸城で始まった〝女たちの本能寺〟

お福は家老の妻から牢人の妻となり、美濃谷口（岐阜県関市武芸川町《せきしむげがわちょう》）の片田舎で、先妻が残した二児、また自分の子である長男千熊《せんくま》（後の正勝《まさかつ》）、七之丞《しちのじょう》（正定《まささだ》）を育てた。さらに慶長九年、内記《ないき》（正利《まさとし》）が生まれるが、この頃に正成と離婚している。原因は牢人生活の貧しさのためとも、正成は女癖が悪く、これに嫌気がさしたためともいう。

『備前軍記附録』にこんな逸話がある。正成は京都から妾を呼び寄せ、お福に内緒で近所に住まわせて子どもができる。お福は正成に「外聞《がいぶん》が悪いので、屋敷に呼び寄せましょう」と持ち掛け、妾とその子はお福と同じ屋根の下に住んだ。だが嫉妬深いお福は、正成が留守の日、妾を一刀のもとに斬り殺し、正成と離縁して京に上った。

時にお福は、江戸で若君が誕生し、乳母《うば》を募集しているとの高札《こうさつ》を、なんと父利三が磔《はりつけ》にされた粟田口で目にする。

そこで幼い時から世話になっている東陽坊長盛と海北友松の伝《つて》で、京都所司代・板倉勝重《いたくらかつしげ》に願い出たとされるが、三条西家の紹介だったなどの説もある。

お福は乳母に選ばれた。選んだのは家康である。父利三は謀反人とされながら、文武両道に秀でた得がたい人物として知られていた。また夫正成は関ヶ原での勝利に貢献した功労者であった。血筋といい、また夫の功績といい、家康にはこの上ない人物だった。

お福は内記を出産したばかりで、乳の心配はなく、長男千熊を伴って江戸に向かい、二代将軍秀忠の御台所お江《ごう》が産んだ長子・竹千代《たけちよ》の乳母になった。

お江はいうまでもなくお市の方の娘で、信長は伯父にあたる。一方のお福は祖母が光秀の妹で、父利三は本能寺の変の首謀者の一人といえた。生母と乳母による〝女たちの本能寺〟が、二二年の時を経て江戸城で始まるのだ。

お江は竹千代に次いで二年後、次男国松《くにまつ》を産んだ。長子竹千代は乳母（お福）が全面的に面倒を見たのに対し、国松にも乳母はついたが、比較的自由に自分の手元に置くことができた。このためか、お江の愛は国松に向き、秀忠も妻に引きずられて国松を愛した。家康の伝記『落穂集《おちぼしゆう》』に「国松を御台様御愛子《みだいさまごあいし》にて御座候《ござそうろう》をもって、二男ながら御嫡子におたちになると、下々にては取沙汰され、上《うえ》つ方《かた》は取りわけ尊敬なされ候」とある。『春日局由緒』に「家光公《いえみつこう》（竹千代）幼にして温籍寛雅也《おんしやかんがなり》。忠長卿《ただながきよう》（国松）人となり聡利也。母公甚《はなは》だ忠長君を愛し給《たま》ふ」とある。つまり竹千代はおっとりしていて、国松は敏捷な性格だった。

本丸にあった竹千代と国松の部屋は向かい合っており、近習衆《きんじゆ》が夜詰めの折、両若君へ夜伽《よとぎ》に訪れるが、ほとんどが国松の部屋に集まった。それは国松の部屋にのみ、お江がさまざまな夜食を差し入れたからだった。

こうしたことから徳川の家臣たちは国松に靡《なび》き、大名たちも国松に贈り物をしても、竹千代にはわずかしか集まらなかった。これに温和な八歳の少年竹千代は傷つき、死にたいとまで思う。お福が「早まりますな。御身《おんみ》を失い給うほどの大事とは思われませぬ。この儀は我にお任せください」と説得し、駿府《すんぷ》城の家康に直訴する決意をしたのだ。

お福の勝利

慶長十六年（一六一一）十月、お福は伊勢参りと偽って通行手形を入手し、箱根の関所を越える。家康の側室で当時最も実権を握っていた太田道灌《おおたどうかん》の子孫・お勝《かち》（英勝院《えいしょういん》）の仲立ちで、家康に対面した。

お福は家康にお江の国松偏愛《へんあい》を訴えた。そして天下が定まらない戦いの世にあっては器量ある跡継ぎが尊ばれるが、太平の世には秩序が尊ばれる。長男を世子《せいし》（跡継ぎ）にすることこそ徳川家安泰の道であると、その存念《ぞんねん》を述べた。

家康は話を聞くと、「そなたの悪いようにはせぬ」とお福を帰し、鷹狩りに名を借りて同月二十四日、ふらり江戸城に現われ、秀忠・お江夫妻に会う。そして「竹千代は大きくなって器量も磨かれて参《まい》った。わしは竹千代が一五歳になったら、これを連れて上洛し、三代将軍として披露しようと思っておる」といい放った。日頃、竹千代を粗末にしてきた夫妻は大いに驚き、言葉も出ず平伏した。

家康は竹千代と国松を呼ぶと、竹千代を上座につかせ、国松は竹千代の臣であるとして下座につくよう厳命した。食事の時も、両親に甘やかされた国松のわがままを許さなかった。

お福の直訴に、家康もまた徳川の世を末代まで存続させるには秩序が大事だと思っていたのである。二代将軍秀忠にとって、大御所《おおごしょ》家康の言動は絶対だった。以後、国松への偏愛をやめて、竹千代を世子として扱った。

家康が七五歳で逝《い》って四年後の元和《げんな》六年（一六二〇）九月、竹千代は元服して家光を名乗る。同じ日に国松も元服し忠長となった。お福の長男は正勝と名乗って家光の小姓から書院番頭となり、一五〇〇石を与えられる。離婚した正成も二万石の大名となり、お福は先妻の娘の子・堀田正盛《ほったまさもり》を召し出し、家光につけ、お福一族の繁栄の基盤を確立する。そしてお福四五歳の元和九年七月、家光はついに三代将軍となった。

お江とお福の〝女の本能寺〟はお福の完全勝利となり、家光が将軍になるとお福は大奥《おおおく》女中の総取締役となった。

お福はやがて家光の災いになるとし、画策して忠長を切腹に追い込み、家光の血筋のもと徳川家が栄えることに心血《しんけつ》を注ぐ。だがそこには一筋縄ではいかない苦労があった。

家光は二歳年上の公家・鷹司信房《たかつかさのぶふさ》の息女孝子《たかこ》を御台所としたが、二人の間に愛は芽生えなかった。子もなく、孝子は吹上《ふきあげ》御庭に御殿を造り別居した。これがトラウマとなって女性を愛せなくなった家光は男色《だんしょく》に走った。お福は家光が女性を愛せるようになること、そして跡継ぎが生まれることに神経を集中させる。これが大奥の発展につながった。

どんな女性を近づけても家光に拒否されたお福は、伊勢慶光院主《いせけいこういんしゅ》である尼僧が挨拶に来た際、その美しさに見とれ、彼女なら男色の家光も心動くのではないかと思い、江戸城に留め置く。そのお福の読みが見事に的中し、家光は慶光院に魅了されて、女性に目覚める。

慶光院は還俗《げんぞく》してお万《まん》と呼ばれたが、子どもは生まれなかった。しかし以後、家光は七人の側室を持ち、三四歳で初めて子宝を得て、五男一女の父となった。

その側室の出自はまさに変幻自在、四代将軍家綱《いえつな》の生母お楽《らく》は、お福が浅草寺《せんそうじ》参詣の際に見つけた、お万に似た農民の娘だった。しかも父は禁猟の鶴を撃って処刑された咎人《とがにん》と分かったが、「腹は借り物」と割り切って側室にした。五代将軍綱吉《つなよし》の母は八百屋の娘である。

厳格な身分社会だった江戸時代、お福は身分の垣根を取っ払って側室を選んだ。将軍の生母の身分が低いのは、お福の波乱に満ちた前半生と無関係ではない。悲惨ともいえる体験が、大奥の気風やしきたりに色濃く反映されている。

江戸城の門限に遅れた時、規則は守らねばと、平川《ひらかわ》門の前で夜を明かした逸話が残る。また参勤交代の折、大名が女中全員に金銀を贈る習慣があった。これを幕府が廃止しようとした時、「女中はこの祝儀で衣服を買っており、その楽しみを奪う」と、お福は猛反対して、大奥女中の気持ちを汲むことも忘れなかった。

お福は春日局の名で親しまれるが、春日局の称号を後水尾天皇から天盃《てんぱい》とともに賜ったのは寛永六年（一六二九）十月、五一歳の時であった。

江戸中期の逸話集『明良洪範《めいりようこうはん》』には「都《すべ》て奥向《おくむき》の定法は皆従二位《じゆにい》の局（春日局）の制作なり」とある。

春日局は幕閣以上の権力を手にし、後水尾天皇に退位を迫る使者にも立った。キリシタンが蜂起した島原天草《しまばらあまくさ》の乱では、幕閣の中から「春日局を総大将に」との声まで上がる。この春日局と昵懇《じっこん》だったこともあって、天海僧正《てんかいそうじょう》は光秀の生まれ変わりとされる伝説まで生まれた。春日局は逆賊として滅びた光秀一族の名を高らしめて、六五歳で逝った。

あとがき

本能寺の変は、信長・光秀とかかわった女性たちを奈落の底に突き落とした。その戦国時代、女は男に従い、何の意思も持たず、主体性もなく、ただ運命を受け入れたと思われがちである。だがそれは、現代の我々が漠然と抱くイメージに過ぎない。

実際に戦国の女性を目の当たりにした、スペイン商人アビラ・ヒロンは「色白で、多くは目鼻立ちがよく、美しくしとやかな者が多い。極めて情け深く、礼儀正しい」(『日本王国記』より)と記す。当時の来日外国人は日本の身分ある女のほとんどが文字を書ける、その教養の高さにびっくりしている。そして宣教師フロイスは『日欧文化比較』の中で「ヨーロッパでは夫が前、妻が後ろになって歩く。日本では夫が後ろ、妻が前を行く」といい、「ヨーロッパでは財産は夫婦の間で共有である。日本では各人が自分の分を所有している。時に妻は夫に高利で貸し付ける」と、意外な事実を語っている。

本書がここに取り上げた信長と光秀ゆかりの七人は、外国人たちを驚嘆させた、まさにその時代の本道を歩いた女性たちである。本能寺の変に翻弄されながらも、強固な意志をもって、自らの運命を積極的に受け入れた。現代人もまねできないほどの、その主体性、また信念には正直驚かされる。

さて、筆者がこの取材のため、ゆかりの地に出かけたのは、新型コロナウイルス感染症の蔓延が恐れられ、緊急事態宣言が出る直前の令和二年三月上旬だった。

車の運転は娘・伊緒里（祥伝社新書『放射性廃棄物の憂鬱』の著者）に頼み、妻・孝子と三人のチームワークで、岐阜から時計回りで愛知・滋賀・京都・大阪・福井の府県をめぐった。その際、すでに清須城は閉鎖され、特別拝観が予告されていた丹波亀山城の天守跡への立ち入りは中止されていた。加えて寺も閉鎖されはじめており、夜までかかった移動で、営業時間短縮によって食事処も心配せねばならなかった。その上に天気も悪く、過去にない苦労の多い取材となった。それだけにこの本を完成できた喜びは、ひとしおである。

なお、当著に使用した写真は、味土野や黒井城関係など筆者が撮った古い写真を除いて、伊緒里が撮影したものである。

最後にこの本の出版にあたり、新書編集部の岡部康彦氏にお世話になったことを感謝申し上げたい。

令和二年八月吉日　　楠戸　義昭

【主要参考文献】

史料

『改訂　信長公記』太田牛一著、桑田忠親校注　新人物往来社　昭和40年
『信長公記』原本現代訳　太田牛一著、榊山潤訳　教育社　昭和55年
『美濃国諸旧記』『濃陽諸士伝記』黒川真道編　国史研究会刊大正4年の復刻版　大衆書房　昭和48年
『美濃明細記』『美濃雑事紀』昭和7年一信社版の復刻　大衆書房　昭和44年
『明智軍記』二木謙一監修・校注　新人物往来社　平成7年
『明智軍記』田中淑紀訳　郷土史現代語訳シリーズ　大衆書房　平成4年
『堂洞軍記』『土岐累代記』『土岐斎藤軍記』『江濃記』田中淑紀訳　郷土史現代語訳シリーズ　大衆書房　平成7年
『勢州軍記』三ツ村健吉注訳　三重県郷土資料叢書　三重県郷土資料刊行会　昭和62年
『正徳二年板本　陰徳太平記』5巻　米原正義校注　東洋書院　昭和58年
『太閤記』小瀬甫庵著、桑田忠親校注　新人物往来社　昭和46年
『醍醐花見短籍　全一三一葉』原文・読み下し文　楠戸義昭「醍醐寺の謎」に収録　祥伝社黄金文庫　平成12年
『祖父物語』近藤瓶城編・史籍集覧第13冊　近藤出版部　明治35年
『絵本太閤記』塚本哲三編輯　有明堂書店　大正6年

『武将感状記』熊沢正興編　人物往来社　昭和42年
『天正記・惟任謀反記　柴田合戦記』大村由己著、『川角太閤記』川角三郎右衛門著、桑田忠親校注・太閤史料集　人物往来社　昭和40年
前野家文書『武功夜話』『武功夜話・千代女書留』吉田蒼生雄訳　新人物往来社　昭和62・63年
『浅井三代記』改定史籍集覧第6冊の復刻版　臨川書店　昭和58年
『以貴小伝』高柳金芳校注・新装版史料「徳川夫人伝」に収録　新人物往来社　平成7年
『新訂増補　兼見卿記』斎木一馬・染谷光廣校訂・「史料纂集」　八木書店　平成26年
『多聞院日記』三教書院　昭和10～14年
『綿考輯録』第1～3巻　藤孝公・忠興公　細川護貞監修　出水神社　昭和63・平成元年
『明良洪範』真田増誉著、伊藤千可良・文傳正興校　国書刊行会　明治45年
『落穂集』大道寺友山著、萩原龍夫・水江漣子校注　江戸史料叢書　人物往来社　昭和42年
『翁草』神沢杜口著　日本随筆大成・第3期　吉川弘文館　昭和53年
『新訂寛政重修諸家譜』続群書類従完成会　昭和39・40年
『定本名将言行録』上巻、岡谷繁実著　新人物往来社　昭和53年
『日本史』第4・5巻五畿内篇、ルイス・フロイス著、松田毅一・川崎桃太訳　中央公論社　昭和53年
『十六・十七世紀イエズス会日本報告集』第Ⅲ期第7巻　松田毅一監訳　同朋舎出版　平成6年

著書・論文

岡田正人編著『信長総合事典』雄山閣　平成11年
二木謙一編『明智光秀のすべて』新人物往来社　平成6年
桑田忠親編『豊臣秀吉のすべて』新人物往来社　昭和56年
高柳光寿『明智光秀』吉川弘文館　昭和33年
桑田忠親『明智光秀』桑田忠親著作集第2巻　昭和48年新人物往来社刊の再録　秋田書店　昭和54年
明智滝朗『光秀行状記』中部経済新聞社　昭和41年
藤田達生『明智光秀伝　本能寺の変に至る派閥力学』小学館　令和元年
諏訪勝則『明智光秀の生涯』吉川弘文館　令和元年
金子拓『信長家臣明智光秀』平凡社新書　令和元年
早島大祐『明智光秀　牢人医師はなぜ謀反人となったのか』ＮＨＫ出版新書　令和元年
福島克彦『明智光秀と近江・丹波　分国支配から「本能寺の変」へ』サンライズ出版　令和元年
柴裕之編著『図説明智光秀』戎光祥出版　平成31年
藤田達生・福島克彦編『明智光秀　史料で読む戦国史』八木書店古書出版部　平成27年
籠橋一貴『明智光秀　東美濃物語』恵那市観光協会明智支部　平成30年

和田裕弘『織田信忠　天下人の嫡男』中公新書　令和元年
横山住雄『斎藤道三』濃尾歴史研究所　平成6年
谷口研語『美濃・土岐一族』新人物往来社　平成9年
長浜市長浜城歴史博物館企画・編集『戦国大名浅井氏と北近江　浅井三代から三姉妹へ』長浜市長浜城歴史博物館　平成20年
田端泰子『細川ガラシャ　散りぬべき時知りてこそ』ミネルヴァ書房　平成22年
ヘルマン・ホイヴェルス『細川ガラシア夫人』春秋社　昭和41年
三浦綾子『ガラシャ・細川玉子』人物日本の女性史4　集英社　昭和52年
米原正義編『細川幽斎・忠興のすべて』新人物往来社　平成12年
深谷弘典『永源寺町の歴史探訪1』近江文化社　平成5年
深谷弘典『中近世地方文書による八風街道筋の歴史』永源寺町の史蹟と文化財Ⅲ　永源寺町郷土史会　昭和55年
近江愛智郡教育会編『近江愛智郡史』巻2　滋賀県愛智郡教育会　昭和4年
横山住雄『崇福寺史』崇福寺　平成22年
土岐市教育委員会・(財) 土岐市埋蔵文化財センター編『妻木城　妻木城跡・士屋敷跡発掘調査報告書』土岐市教育委員会　平成14年
楠戸義昭『城と女』毎日新聞社　昭和63年

楠戸義昭『風雲児信長と悲運の女たち』 学研M文庫 平成14年
楠戸義昭『戦国 名城の姫たち』『お江 将軍家光と皇后の母となった戦国の姫』 静山社文庫 いずれも平成22年
楠戸義昭『戦国武将「お墓」でわかる意外な真実』 PHP文庫 平成29年
『遊行三十一祖京畿御修行記』橘俊道校注 『大谷学報』52巻 大谷学会 昭和47年
早島大祐『「戒和上昔今禄」と織田政権の寺社訴訟制度』『史窓』74号 京都女子大学史学会 平成29年

図録・雑誌など

図録・土岐市文化振興事業団編『光秀の源流 土岐明智氏と妻木氏』 土岐市美濃陶磁歴史館 令和2年
図録・福井県立一乗谷朝倉氏遺跡資料館編『一乗谷の医師』 福井県立一乗谷朝倉氏遺跡資料館 平成22年
タウン誌『エクセランカメオカ』125〜136号 楠戸義昭著「人物亀岡の歴史 春日局」 ハピー通信社 平成元年
冊子『明智氏一族宮城家相傳系圖書』 歴史伝承フォーラム 平成31年
冊子 高尾察誠『明智光秀公夫人熙子さんと時衆・称念寺』 称念寺 令和元年
冊子 高尾察誠『『改訂明智光秀公と時衆・称念寺』 称念寺 平成31年
雑誌『歴史読本』平成4年3月号・岡田正人著「濃姫は生きていた‼大徳寺総見院で墓を発見」 新人物往来社 平成4年

雑誌『歴史人』明智光秀の真実　令和２年２月号　ＫＫベストセラーズ　令和２年
ムック『歴史道』真説！明智光秀伝　Vol.７　朝日新聞出版　令和元年
ムック『歴史旅人』明智光秀歴史から消された生涯の謎を徹底解明　Vol.５　晋遊舎　令和元年

切りとり線

★読者のみなさまにお願い

この本をお読みになって、どんな感想をお持ちでしょうか。祥伝社のホームページから書評をお送りいただけたら、ありがたく存じます。今後の企画の参考にさせていただきます。また、次ページの原稿用紙を切り取り、左記まで郵送していただいても結構です。

お寄せいただいた書評は、ご了解のうえ新聞・雑誌などを通じて紹介させていただくこともあります。採用の場合は、特製図書カードを差しあげます。

なお、ご記入いただいたお名前、ご住所、ご連絡先等は、書評紹介の事前了解、謝礼のお届け以外の目的で利用することはありません。また、それらの情報を6カ月を越えて保管することもありません。

〒101-8701（お手紙は郵便番号だけで届きます）
祥伝社　新書編集部
電話03（3265）2310
祥伝社ブックレビュー　www.shodensha.co.jp/bookreview

★本書の購買動機（媒体名、あるいは○をつけてください）

＿＿＿＿新聞の広告を見て	＿＿＿＿誌の広告を見て	＿＿＿＿の書評を見て	＿＿＿＿のWebを見て	書店で見かけて	知人のすすめで

★100字書評……女たちの本能寺

名前

住所

年齢

職業